ÉTUDE

SUR

LE SALON DE 1865,

PAR V. DE JANKOVITZ.

BESANÇON,
J. JACQUIN, IMPRIMEUR-LIBRAIRE,

1865.

ÉTUDE

sur

LE SALON DE 1865,

PAR V. DE JANKOVITZ.

BESANÇON,

J. JACQUIN, IMPRIMEUR-LIBRAIRE,
Grande-Rue, 14, à la Vieille-Intendance.

1865.

ÉTUDE SUR LE SALON DE 1865.

INTRODUCTION.

Chaque époque a une somme de croyance sur les arts qui est en rapport exact avec sa forme littéraire; la littérature, à son tour, sert de contre-épreuve à la morale commune, qui est l'expression du sentiment religieux d'un pays. Tout se tient donc, en ce monde, dans une étroite solidarité; et de même que la vertu d'une nation constitue sa philosophie, son art doit être le thermomètre de toutes les idées en circulation.

Dans la période montante des peuples, les efforts physiques et intellectuels convergent vers une force commune; mais quand la maturité arrive, la puissance individuelle crée des divisions, et l'intelligence personnelle devient prépondérante dans la chose commune. En politique et en philosophie, en littérature comme dans l'art, les écoles se fractionnent. Dès lors l'histoire cesse d'offrir des principes simples et absolus. Bientôt les idées générales se perdent, tous les systèmes s'accréditent, s'exaltent, se dépriment tour à tour; la conscience elle-même est ébranlée. Telle est la période dans laquelle est entrée la civilisation européenne. De même qu'on se sépare au nom de la foi, qu'on se combat au nom de la raison, on se divise encore au nom de l'art. Là où la raison, non-seulement armée de la révélation, mais encore païenne, apercevait un Dieu unique, immuable, source et fin de toute chose, la raison positiviste cherche une unité cérébrale. Là où l'artiste voyait dans la nature des pensées manifestes de Dieu, le réaliste supprime même une partie de la matière. La division devient de jour en jour plus extrême, et on marche ainsi à l'unanimité par le chemin du scepticisme, comme on allait à l'unité par celui de la foi, et à l'art par l'école et la doctrine.

Mais voyons ce qui nous concerne ici plus particulièrement. Il n'y a rien de si intéressant et de si instructif que d'assister, devant les tableaux et statues, où toutes les spéculations ont pris un corps, à cette bourse des idées où se font toutes les transactions artistiques. Voilà d'abord un groupe de peintres catholiques : ils se divisent en plusieurs camps; l'un d'eux voudrait accommoder les tableaux religieux aux passions humaines, et, s'appuyant sur la renaissance, il prétend qu'avec la couleur, le dessin, la grâce des formes et l'élégance du style, on ferait à la religion plus de prosélytes qu'avec l'idéalisme ascétique. Il cite notamment Raphaël, qui, ayant élaboré ses sujets religieux suivant tous les caprices du goût, a fait autant d'honneur que de bien à la religion. D'ailleurs, dit-il en terminant, l'art s'est toujours mal trouvé du manque d'émotion esthétique. Un autre, après différentes considérations sur la beauté de l'âme et l'expression, conclut en faveur des œuvres chrétiennes sans mélange de paganisme. Elles doivent, dit-il, offrir exclusivement des sentiments en harmonie complète avec l'esprit chrétien; pour y arriver, il est donc nécessaire d'éliminer de l'art tout sensualisme, de sanctifier la souffrance et d'assurer le triomphe de l'esprit sur la chair. D'autres vont plus loin et soutiennent, comme Overbeck, que l'art mis au service de la religion est le seul art digne de ce nom.

Un peu plus loin, vous rencontrez un groupe de classiques; mais là encore, ce sont les mêmes distinctions sous d'autres formes. On parle du beau absolu, de l'immuable, de la généralisation des idées. L'un des opinants considère l'art comme étant tout trouvé déjà du temps de Phidias, sans qu'il ait rien gagné dans les temps postérieurs, car si Praxitèle a encore introduit avec la grâce, dit-il, un agrément de plus, c'est aux dépens du beau. Il conseille ensuite de se méfier de la couleur et de l'expression, qui altèrent le signe et chassent le dieu de la plastique, mais surtout de reléguer toute préoccupation d'utilité comme d'exactitude dans l'imitation de la nature. Un autre lui répond qu'il est en effet d'avis de considérer l'art sous le point de vue classique, et de s'occuper uniquement de la recherche du beau, comme le dit Kant, avec les pouvoirs *désintéressés* de l'âme. Mais en matière d'art tous ceux qui ne sentent pas profondément la vie, le mouvement et le caractère de la nature, sont aveugles-nés; par conséquent, il est résolu d'animer l'idéal classique et de repousser les œuvres même divinement vides. Il respecte, dit-il en finissant, l'unité, la pureté, la distinction, la régularité, la grandeur même, mais il faut rendre une figure agissante comme un individu, sans lui rien faire perdre de son idéal générique.

Voyons enfin ce qui se passe dans l'attroupement le plus bruyant de tous, celui des réalistes. Ils sont dans l'enivrement d'une nouvelle renaissance. Ils accusent de crétinisme les siècles passés, se posent en régénérateurs de l'art, et proclament tous ensemble qu'avant eux l'art a fait fausse route, et qu'il commence seulement à prendre conscience de sa véritable mission. A bas la monarchie de l'art classique et la métaphysique religieuse, qui ne peut entrer dans le domaine de l'art et peut tout au plus s'écrire. On se livre ensuite à des théories excentriques, dont je ne peux mieux résumer le sens qu'en citant ces paroles bien connues, dignes de terminer une harangue réaliste : « En concluant à la négation de l'idéal et de tout ce qui s'ensuit, j'arrive à l'émancipation de la raison, à l'émancipation de l'individu et finalement à la démocratie. Le réalisme est, par essence, l'art démocratique. Ainsi, par le réalisme, qui attend tout de l'individu et de son effort, nous arrivons à reconnaître que le peuple doit être instruit, puisqu'il doit tout tirer de lui-même, tandis qu'avec l'idéal, c'est-à-dire avec la révélation, et comme conséquence avec l'autorité et l'aristocratie, le peuple recevait tout d'en haut, tenait tout d'un autre que de lui-même, et était fatalement voué à l'ignorance et à la résignation. » On le voit, c'est une théorie gaie : aussi provoque-t-elle une grande hilarité.

Cependant j'entends d'autres voix s'élever timidement contre cette doctrine en l'accusant de galimatias. On fait remarquer qu'on pourrait bien confondre le succès passager du réalisme avec le progrès de l'art. Dans votre réalisme, dit-on, c'est la foule qui règne, parce que les qualités qui font régner sont à la portée de la foule ; il n'a donc de puissance que par la masse. Mais voyons vos chefs-d'œuvre, donnez-nous des exemples ; qu'avez-vous fait de l'essence de l'art ? A cela il est difficile de répondre. Cependant un autre contourne la question, exhume une utopie de l'école allemande formulée par Sorguel et Frédéric Schlegel, change le nom du réalisme en celui de l'*école critique*, et, prétendant que l'ironie de l'école réaliste est le principe le plus élevé de l'art, il assigne à l'école de M. Courbet la haute mission d'évangéliser la future société par la discipline du sarcasme et même des exhibitions au naturel. Cependant d'autres, tout en protestant de leur dévouement à la réalité, qu'ils aiment *comme* l'essence même de toute vérité, récusent la religion enseignée par le nouveau Coran artistique qui, à leurs yeux, semble être plutôt la recherche du sabre que du beau. L'esprit français, disent-ils, ne s'accommode ni des plaisanteries allemandes rapportées de Krevinkel, ni du rire qui n'est pas la gaîté, ni de cette liberté indépendante seulement des règles du goût. On aime enfin le beau en France sous toutes les faces ; or l'élément esthétique du réalisme pur sang étant le plus inférieur de tous, est incapable de se combiner avec l'idéal. Nous considérons donc cette tentative comme avortée.

Nous passons sous silence d'autres théories fondées sur le mépris du dessin, sur l'originalité qui dispense du savoir, etc. Mais il est impossible de ne pas mentionner un stratagème tout nouveau, mis en vogue par les baladins et les enfants terribles de l'art, destiné à faire emboucher de force la trompette de la renommée.

Il ne suffit pas, disent-ils, d'avoir du talent; il faut encore savoir le faire valoir. Selon eux, la perfection de l'œuvre n'est pas toujours le meilleur moyen; le public, qui avant tout veut être diverti, s'en lasse parfois; aussi, quand un tableau ne contient rien d'imprévu, de capricieux et d'ébouriffant, il provoque le bâillement et met son auteur dans une situation qui est réputée la pire de toutes pour un artiste. Mieux vaut être calomnié que livré aux orties de l'abandon : c'est aussi une croyance généralement reçue. De là à la recherche des détracteurs il n'y a qu'un pas. Il y a des contrées où c'est par les contradicteurs qu'on arrive aux apologistes et même parfois aux enthousiastes. L'artiste du pays qui inventa le vaudeville est malin et fertile en ressources. Il se donne d'abord le menu plaisir d'un succès de ridicule, ensuite la fantaisie d'une faute grosse comme une maison, puis, comme l'appétit vient en mangeant, il tente le scandale. Tous ces procédés sont autant de coups de pistolet qu'on se tire devant le monde ; mais qu'importe, ce monde pense à vous, on s'est donné une réputation, et cela satisfait parfois, quand on n'a pas beaucoup d'amour-propre. Mais pour peu qu'on soit ambitieux et plus dévoué à l'art, on cherche alors à nouer un rapport quelconque, à propos de n'importe quoi et même de bottes, entre le genre de talent qu'on possède et une opinion philosophique, politique ou simplement une puissante coterie. Si l'on y parvient, dès lors l'essence de l'art est trouvée, l'art s'est donné un maître, que dis-je, un tyran, à qui il sera loisible de parler et de faire à contre-poil, car il a trouvé des enthousiastes, des esclaves même, pour l'applaudir.

S'il y a peu d'accord entre les artistes, et si la comédie se mêle au sérieux, le public n'est pas très en accord non plus avec le jury. En effet, celui-ci vient d'appliquer le maximum des récompenses à une exposition déclarée le minimum de l'art moderne par l'unanimité de la presse, tandis que l'année dernière il a refusé la médaille d'honneur aux chefs-d'œuvre les plus universellement reconnus.

Mais si la théorie des récompenses semble être compromise avec les principes de l'art, les œuvres n'en sont pas moins abondantes, et même encore d'une infériorité relative très honorable. En effet, nous sommes en face de 322 statues et 2,844 tableaux. Quelle différence du dernier siècle, où Diderot s'effrayait à la vue de 400 tableaux! On dirait que nous sommes à l'époque de Libanius, où les jeunes gens d'Antioche abandonnaient les écoles des rhéteurs et celles des philosophes pour se mettre à dessiner. « Et par quel artifice les artistes captivent-ils donc les esprits ? ajoute cet auteur. Pourrait-on le croire ? Ils enseignent à peindre vite ! »

En présence de la divergence dans les principes et de l'anarchie dans les opinions, il nous répugne d'aventurer notre jugement sans essayer de donner une base à nos appréciations. Nous commencerons donc notre étude par quelques considérations sur l'art qui seront notre profession de foi, puis nous passerons à un aperçu des éléments dont se compose la statuaire. Cela nous amènera à la sculpture, que nous avons préféré étudier avant la peinture, comme ayant conservé plus intacts les principes qui constituent l'essence même de l'art et sa gloire. Cette manière de procéder aura plus d'un avantage, car non-seulement ce point de départ servira de fondement à notre jugement et de contrôle à nos lecteurs, mais encore nous affranchira puissamment de ces collections d'épithètes que blâme dans la critique le judicieux la Bruyère. Si, chemin faisant dans cette rapide excursion, nous faisons de temps à autre des digressions, ce sera dans le but d'éclairer les fossés très défoncés de la route et d'escorter l'intelligence aussi bien par la doctrine que par l'exemple.

Nous déclarons tout d'abord que l'art doit être la recherche du beau. Il est possible de concevoir la recherche de la beauté pour elle-même, lorsqu'on l'envisage uniquement sous le point de vue de la ligne géométrique, du nombre et de la symétrie. Mais l'art ne peut se confiner dans cette période de délectation qui échappe à l'analyse de l'âme, et bientôt la beauté recherchée touche aux trois vies dont parlent les philosophes et les saints Pères, à la vie du corps, à la vie de l'âme, et à la vie supérieure de l'esprit divin. Dès lors l'art ne peut se dérober à un but. Le plaisir n'est pas une fin, et l'émotion esthétique peut nous conduire aussi bien à nous corrompre qu'à nous édifier. On ne dira point que le bien soit le plaisir, et on choisira la route qui nous mène par l'instinct du beau au bien, au juste, au vrai, aux passions généreuses, vers les objets utiles, en un mot vers tout ce qui nous agrandit. La sculpture et la peinture ne peuvent avoir un autre but. Quand les arts ne servent pas à l'utile, ils sont avilis.

Nous dirons, en second lieu, que l'artiste doit trouver les éléments de la beauté dans la nature. Il n'est donné qu'au maître, doublé du philosophe, de descendre de l'idée pure à la forme, mais alors même sa création doit avoir pour elle l'autorité de la nature. Celui qui cherche la beauté ailleurs s'abuse et poursuit une chimère. Chassez le tyran qui escorte votre âme, et la beauté idéale se manifestera à vos yeux. Vous n'aurez qu'à choisir, et vous tracerez vos idées avec des caractères qui ne deviendront jamais des hiéroglyphes.

Sans spiritualisme il est impossible d'atteindre aux sommités de l'art. Le grand art, celui de Phidias et de Raphaël, n'est rien autre chose que la marche progressive de la raison s'élevant sur les ailes de l'âme, d'abord des individus aux idées générales, et de là à l'absolu. Le don de la généralisation a été réputé de tout temps celui du génie. Il en est de la beauté comme de la vérité; quand elle est générale, elle exerce un plus grand empire que lorsqu'elle est relative ou personnelle; alors son effet ne s'étend pas seulement à un pays ou à une époque, mais au monde entier et à tous les temps. L'homme n'atteindra jamais à l'absolu, mais quand il en approchera, il aura entrevu dans sa raison un éclair de la majesté divine. Cet éclair rayonne ensuite à travers l'intelligence de l'artiste sur la nature qu'il imite et à laquelle il prête une âme divine, une majesté, une solennité et une magnificence qui nous élèvent à notre tour, et qui constituent l'idéal. Ainsi la beauté réside surtout dans l'esprit. Le matérialiste dont l'âme ne quitte pas la terre n'y atteindra jamais, tant il y a de vérité dans ce mot de Malebranche : « Voir le rien ou ne rien voir, c'est la même chose. »

C'est l'art historique qui soutient toutes les branches secondaires, et l'époque ou le pays où on ne le cultive pas, verront s'affaiblir l'idée du beau. L'école hollandaise est une preuve frappante de cette vérité. Nous voyons aussi en France le laid faire des progrès sensibles depuis que l'influence de la grande peinture diminue; il ne sera donc pas superflu d'indiquer brièvement le principe qui a valu en tout temps à l'art cette beauté indépendante de la mode.

De nos jours on a cru pouvoir se passer des vertus de l'âme : la majorité a cherché la beauté uniquement avec les yeux du corps et a reproduit tout bonnement la nature visible. On ne s'est pas borné là; il fallait encore avoir raison dans le fond, on s'est mis à la recherche d'une doctrine justificative, car, il faut le dire en passant, jamais on n'a eu tant recours aux principes que depuis qu'on n'a plus foi en eux. On a exhumé tous les livres, tout a été torturé, travesti, corrompu, on a même fait de Platon un réaliste. Nous laisserons tout cela dans l'ombre, mais il nous est impossible de nous taire sur une définition du beau universellement accréditée. Elle est loin d'être mauvaise, mais elle a le défaut de prêter à toutes les interprétations matérialistes. Que de fois en effet n'avons-nous pas entendu justifier la beauté plastique la plus arbitrairement mariée à une monstruosité morale, par ces mots attribués à Platon : « Le beau est la splendeur du vrai. » Nous pourrions citer maints passages prouvant que cette définition ne peut lui être attribuée. Deux passages de sa *République* suffiront. « Aux dernières limites du monde intellectuel, dit-il, est l'idée du bien, qu'on aperçoit avec peine, mais qu'on ne peut pas apercevoir sans conclure qu'elle est la cause de tout ce qu'il y a de beau et de bon dans le monde visible. » (*Rép.*, liv. VII, p. 70, trad. de Cousin.) Puis : « Tiens pour certain..., quelque belles que soient la science et la vérité, que l'idée du *bien* en est distincte et *les surpasse en beauté*. » (*Rép.*, liv. VI, p. 56.) Platon n'a pas fait un traité sur la beauté, il n'était pas de ceux dont l'esprit fonde systématiquement une science sur leur propre conviction, mais il résulte de l'ensemble de ses idées que dans une définition du beau il aurait substitué au mot *vrai* celui de *bien*. Si l'on considère l'opinion de l'antiquité sur le beau, on voit la vertu de l'âme tellement inséparable de celle du corps, que parfois elles se confondent dans l'esprit des anciens philosophes. Platon dit : « La vertu est comme la santé, la beauté, la bonne disposition de l'âme ; le vice au contraire en est la maladie, la laideur, la faiblesse. » (Liv. IV, p. 246.) Socrate l'affirme : « Rien n'est beau que ce qui est bon, » et tous les philosophes de toutes les sectes enseignent la même doctrine : Platon, Xénophon, Zénon, Epicure, Cicéron, Thémisius, l'empereur Julien l'Apostat comme saint Augustin, car ils touchent à une loi immuable de l'intelligence. Est-ce une loi que toute difformité doit être taxée de perversité et que la beauté doit être estimée bonne sans examen ? se demande le sceptique Lucien. Et quand M. de Maistre définit la beauté, il dit : « La beauté est ce qui plaît à la vertu éclairée. »

Puis, quand nous consultons l'école d'Athènes ou d'Alexandrie, l'école écossaise, allemande, française, ou les esthéticiens spiritualistes de nos jours, qu'entendons-nous dire : Que le Créateur a répandu sur toutes ses œuvres quelque chose de sa propre splendeur, sur la terre, dans le firmament comme dans l'idée pure. « L'homme endormi la voit dans ses rêves ; l'aliéné la reconnaît et frémit à son aspect ; l'aveugle la devine ; seul le débauché au cœur corrompu et à la raison pervertie ne sait plus la distinguer de la laideur. » Par conséquent, le même sentiment qui fait douter du bien est aussi celui qui aveugle sur la loi du beau.

Mais en voilà assez sur la doctrine de l'art ; passons aux éléments de la sculpture.

Un homme robuste présente dans son corps des masses fortement prononcées ; un homme faible, une grande confusion de détails. La beauté ou la vertu physique se manifeste par de grandes divisions s'appelant morceaux ou masses, et encadrées par des lignes plus ou moins profondes formant autant de vallées descendantes vers les os ou les parties tendineuses, et dont la fonction est d'empêcher ces masses de disparaître dans l'action. Les masses sont subordonnées l'une à l'autre, et, comme le disait Socrate chez le statuaire Cliton : « Suivant les différentes postures du corps, certaines parties s'élèvent, tandis que d'autres s'abaissent ; quand celles-ci sont pressées, celles-là fléchissent ; lorsque les unes se tendent, les autres se relâchent. »

Ces grandes masses renferment des plans secondaires, qui à leur tour se subdivisent encore. Le sculpteur dispose de tous ces éléments, mais ils lui offrent une grande difficulté, celle de concilier l'unité, principe essentiel de la beauté, avec la vie. La savante subordination des plans secondaires aux principales masses donne de la force, de la grandeur, de la noblesse à la plastique. Du juste développement des plans secondaires et de leur harmonie considérée de tous les points de vue, dépend plus particulièrement la vie.

Mais ce n'est pas tout ; il y a encore d'autres causes de valeur physique comme d'autres causes de vie pour la plastique. Le mouvement est déterminé par le jeu des muscles obéissant aux impulsions les plus secrètes de l'âme, subtil au point de se dérober à l'analyse. Les muscles s'attachent aux os, vont rejoindre leur extrémité ; là, sur le condyle, ils s'entrecroisent, passent par l'articulation et vont s'attacher à l'os du membre voisin. L'un des deux os offre un point fixe, sur lequel la contraction du muscle fait rouler ensuite l'os correspondant. Ce jeu bien senti donne de la fermeté et de l'élégance au mouvement du torse, de la finesse et de la solidité aux attaches. C'est avec ce jeu qu'on dispose les membres, que l'art agrandit ou diminue leur longueur apparente, développe les grandes courbes, régente les méplats, cherche la pondération et la beauté géométrique. Ici éclate le goût comme le talent de l'artiste instruit. Ses spéculations sont infinies, comme l'est la combinaison des mouvements et la diversité des corps, qui ressemble à la variété des figures.

Si les muscles supérieurs sont bien développés, ils débordent les inférieurs, et de là s'ensuit un aspect calme, imposant, en un mot plus noble, de la forme. Dans l'action puissante, les muscles inférieurs se manifestent, mais restent subordonnés aux grandes masses ; ainsi la vie qui apparaît rehausse par les qualités de l'âme la valeur plastique ; le corps fonctionne dans son unité, sa vertu ordonnée, la beauté par excellence. En revanche, dans un effort violent arrivé à la limite des forces humaines ou des douleurs morales, que l'âme ne domine plus, les muscles internes se soulèvent, repoussent et cherchent à déborder les supérieurs. L'unité s'altère alors, l'importance des parties secondaires se développe outre mesure et porte le trouble dans les masses; tout se fractionne, la surface se cahote, et le squelette apparaît dans ce désordre avec toute sa dureté. Ainsi l'absence de la vertu physique ou morale détermine également la laideur.

Enfin, en pénétrant au plus intime de l'homme, nous arrivons au centre de ses mouvements, comme à la base de ses proportions, et nous sommes en face du squelette. La mort est le type de la laideur en esthétique, et on la représente par le squelette. C'est lui qui marque à l'intelligence, de la manière la plus frappante, le contraste, la distance, le lien tranché entre la chose et l'être. Mais du moment où le squelette devient une des convenances de la nature vivante et entre dans son harmonie, l'âme saura l'embellir. En effet, partout où la nature, fonctionnant dans l'ordre, laisse entrevoir le squelette, l'artiste en fait la base d'une beauté. En se montrant, il embellit le membre qu'il supporte. Si le statuaire fait sentir sa présence dans l'enfoncement d'une partie charnue, il obtient de la finesse. L'abaissement des extrémités des masses côtoyant de plus près la charpente, donne de la légèreté. C'est le squelette qui trahit la force des épaules, des hanches et des jointures, prête la grâce aux grandes courbes, la distinction aux extrémités, et décèle même la valeur intellectuelle dans la structure du crâne.

On s'est beaucoup préoccupé dans l'antiquité des lois de proportion, et le canon de Polyctète a dû traiter fort au long et savamment cette matière, car la statuaire antique, l'ayant adopté comme règle, a dépassé tous les âges dans l'élégance des proportions. Depuis, Albert Durer, Léonard de Vinci, Paul Lomazzo, etc., ont écrit sur les proportions du corps humain sans avoir donné un crédit universel à leur œuvre; aussi chaque académie, et pour ainsi dire tous les artistes, ont leur canon particulier; il sera donc suffisant d'éveiller ici quelques idées sur ce sujet.

Les proportions des enfants ne consistent pas dans le diminutif exact des âges ultérieurs; ainsi un petit homme n'est point un enfant. A trois ans, en moyenne, l'enfant a cinq têtes dans sa hauteur; à quatre, cinq et six ans, sa hauteur est de six, jusqu'à six têtes et demie, tandis qu'un homme fait arrive jusqu'à huit têtes, comme nous le voyons dans la statue admirable du Gladiateur mourant,

Les femmes, indépendamment d'une hauteur totale moindre que celle des hommes, ont le cou relativement plus allongé, les jambes plus courtes et plus grosses ainsi que les bras, les épaules plus serrées, la hanche plus large, les pieds plus étroits. Les anciens ont donné sept têtes et trois quarts à la Vénus de Médicis : c'est une tête moyenne, car les Dianes et parfois les nymphes, dont la taille est, soi-disant, plus développée par l'exercice, l'ont plus petite, tandis que les Junons et surtout les Minerves, déesses de la sagesse, l'ont plus forte.

Vient ensuite le climat, dont l'influence est grande et fait les races avec leurs diverses proportions.

Nous sommes forcé de marcher trop rapidement pour nous étendre davantage sur la partie physiologique de la construction des os ; il est certain que les mœurs occasionnent une infinité de nuances dans le développement de la charpente osseuse ; sous leur influence, elle durcit, s'agrandit, se modifie dans ses proportions relatives, comme par la dépravation elle diminue, s'altère et change également de proportion, en un mot elle devient le temple ou le réduit de l'âme.

Voilà très succinctement les éléments dont l'artiste doit disposer. On voit la charpente osseuse elle-même dominée par des causes métaphysiques, par conséquent rebelle à se soumettre aux chiffres. Et on doit comprendre que la science de l'artiste consiste encore moins dans l'œil qui calcule, que dans le sentiment qui saisit et le goût qui discerne. Tout ceci nous fait voir encore combien il serait préjudiciable à l'art de vouloir séparer l'âme de la nature, et combien l'artiste doit être développé, non-seulement dans la science du visible, mais encore dans celle de la morale.

SCULPTURE.

Lysippe, sculpteur de prédilection d'Alexandre le Grand, donna le premier à ses créations non-seulement un caractère plus individuel, mais encore un type d'héroïsme idéal qui rappelle, dans la période grecque, celui de la chevalerie au moyen âge. L'œuvre caractérisant par excellence l'art de Lysippe à l'exposition, est une figure d'homme couché, de M. Vercy. Elle est penchée de côté, s'appuie sur le coude droit, tient de la main droite un bouquet de gland, et de l'autre sa jambe repliée. La tête est levée vers le ciel, où elle a entrevu la vérité inscrite sur son piédestal : *Dieu fait bien ce qu'il fait.*

Quand un homme, dit Platon, se présentait au maître de palestre, celui-ci lui disait: « Déshabille-toi, montre-moi ta poitrine, tes épaules, tes reins, pour que je voie avec certitude à quoi tu es propre. » On appelait *pentathle* l'homme capable de remporter aux jeux olympiques le prix des cinq exercices du corps : de la course, du saut, du disque, du javelot et de la lutte. Hercule représentait l'idéal le plus accompli de ce type, comme réunissant à la masse la plus considérable le plus de légèreté. Les frénétiques applaudissements de toute la Grèce réunie accueillaient alors l'athlète; la gloire et la fortune l'attendaient, car sa beauté représentait une valeur morale et physique ; il était l'honneur et le profit incarné de la patrie commune. Voilà le caractère de la statue qui est devant nous. Les articulations de ses membres sont fortement nouées, serrées et couvertes de peu de chair, la tête petite et dans le genre de l'Hercule Farnèse, le cou nerveux, les épaules larges et hautes, la poitrine élevée, les hanches et le ventre petits, les cuisses musculeuses, les principaux muscles du corps relevés et détachés et remarquables par une grande unité, les jambes sèches par en bas, les pieds minces et la plante du pied creuse; le tout est magistralement exécuté.

Nous voici maintenant devant une des plus nobles figures antiques, le Diénécès de M. Alf. Lepère. Blessé mortellement, il tombe sur la roche teinte de son sang et trace avec le débris de son épée les mots à jamais célèbres : « Passant, va dire à Sparte... » Le jeune guerrier, qui se moquait tantôt si joyeusement des flèches des Perses, meurt maintenant en héros. Appuyé sur la main gauche, il se soulève pour la dernière fois, renverse sa tête surmontée d'un casque, et semble se montrer encore à sa patrie fier d'une mort privilégiée. En effet, Simonide l'a aperçu, et, prenant sa lyre, il s'est écrié : « Aux morts des Thermopyles une fortune glorieuse, une belle destinée, pour tombeau un autel, monument de leurs ancêtres, une calamité qui est une gloire... »

La douleur n'est ici que matérielle, l'âme de la statue a conservé toute sa dignité. On croirait entendre Philostrate quand il dit: « Voyez, ô jeune homme, l'image de Panthée, la douleur n'a point altéré sa beauté ;... voyez Menée mourant, il semble s'endormir ;... voyez Antiloque mort, on dirait que son âme l'ait quitté dans un moment où il était heureux. »

Voilà les préceptes du grand art de la Grèce, où l'on cherchait la beauté plastique dans la grandeur des sentiments. Ces préceptes sont une antique loi que le mode dorien avait consacrée par ses chants pleins de gravité, autant pour le bonheur de la société et l'intérêt de l'art que pour rendre hommage à la vertu.

Le Diénécès de M. A. Lepère a de la parenté avec un cavalier de cette procession des Panathénées qui figurait sur la frise extérieure de la *cella* du Parthénon. En effet, la coupe de visage est la même, puis il porte le même casque à crinière et les mêmes cheveux rabattus sur le casque. Cette statue est largement et vigoureusement modelée. La position des deux mains, sur lesquelles pèse tout le haut du corps, a fait remonter les deux épaules, entre elles le larynx enfle par le mouvement renversé de la tête, ce qui a produit un grand désordre local. L'artiste a vaincu ici la laideur en disposant le corps entier de manière à décrire une courbe majestueuse, depuis le menton jusqu'à l'extrémité du pied droit ; ainsi cet accident devient le complément d'une belle ligne et d'un mouvement général. Il est à regretter que des méplats, grandement conçus partout ailleurs, se fractionnent sur le dos, où les parties secondaires ne sont pas suffisamment subordonnées aux masses. Ces recherches, par trop réalistes et en opposition avec la tenue des autres parties de la statue, inquiètent le goût.

Du héros des Thermopyles, nous passerons à celui de la critique et de la satire. Voici Aristophane assis avec une désinvolture qui tient du cynisme ; il croise un pied sur l'autre et le tient en place des deux mains. L'une est armée d'un stylet aiguisé tout prêt à frapper pour obéir à l'impulsion malicieuse d'un esprit exubérant. Les lèvres serrées contre les dents ricanent d'un air tout à la fois morose et pétulant, tandis que les yeux scrutateurs sondent pour pénétrer le cœur des choses et semblent faire une joyeuse rapine de sottise humaine. Il est assis sur sa tunique, n'ayant pour tout vêtement qu'un pli d'étoffe relevé sur sa jambe gauche et passé dans l'enfourchure, d'où il retombe à terre et va rejoindre un rouleau de papyrus, un brodequin de la muse Thalie, et un porte-voix, masque grimaçant de la comédie antique.

Le visage de la statue de M. F.-C. Moreau a le caractère asiatique ; le nez et les sourcils arqués rappellent l'oiseau de proie ; les cheveux durs et rebelles sont maintenus par une bandelette et roulés des deux côtés de la tête en cornes d'Ammon ; la barbe frisée du bout nous fait penser à l'école archaïque d'Egine et à la barbe de Numa Pompilius que l'art étrusque nous a laissée.

Tout décèle ici une savante anatomie ; les parties intérieures ont été ordonnées de main de maître et bien modelées avant qu'on se soit attaqué à l'épiderme ; aussi dirait-on que le feu de la vie brûle réellement dans ce corps et que la pensée jaillit du cœur de la statue. Il y a néanmoins une partie choquante dans cette œuvre : c'est le manque de convenance dans le choix du style. En effet, comment concilier la figure d'Aristophane avec une manière de comprendre la plastique qui caractérise une école encore trop récente et bien connue, formée par des peintres à l'académie française, et dont s'est servie la sculpture romantique? C'est pourquoi cette statue, malgré quelques accessoires dérobés à l'antiquité, sera plutôt un Méphistophélès.

La sculpture est l'amie des dieux, des héros et des grâces ; elle ne se livre qu'avec réserve au genre familier, car ni dieu, ni héros, ni grâce, ne supporte la familiarité. Des passions de toutes sortes sont souvent descendues de l'Olympe ; mais alors le vice même était enveloppé d'une auréole et pour ainsi dire d'une autorité divine, que l'antiquité a traduite en art par une plastique idéalisée ; or, le beau idéal n'est compréhensible et n'existe que par la somme de bien qu'il renferme. Quand Praxitèle fit la statue de Phryné, il ne manqua pas de donner à la courtisane un sourire malin ; mais quand d'après Phryné il fit la statue de Vénus, il sut prêter à la déesse, comme le dit saint Clément d'Alexandrie, la physionomie et le sourire décent de Cratine.

La Vénus et l'Amour de M. Begas n'ont pas l'air de se nourrir d'ambroisie et de boire ce nectar qui donnait aux dieux un aspect olympique. La Vénus est tout au plus une tendre nourrice, et le cruel enfant n'est point le fils du Ciel, mais bien plutôt celui de la Terre, sorti peut-être de l'œuf qu'elle a pondu, suivant le dire d'Aristophane. Il pleure ici comme un simple enfant gâté, car il vient d'être piqué non par une mouche à miel envolée des rosiers d'Anacréon, mais par une guêpe sortie des lilas de Béranger. La douteuse déesse qui le console en l'enfermant dans ses bras, est trop pétrie du levain de la sensualité humaine pour que l'étreinte ne développe pas la plastique chez elle dans le sens du genre. En considérant le talent de l'artiste à ce point de vue, nous lui reconnaissons un esprit délié et une science qui tient à l'essence de l'art.

Il est dans la nature de la statuaire, née de l'architecture et destinée à vivre dans un rapport intime avec elle, de rechercher la beauté immuable. Or, l'immuabilité est dans l'absolu. Pour y atteindre avec plus de succès, les Grecs ont souvent pris la beauté acquise pour point de départ de leurs recherches, et ainsi ils sont arrivés à produire des merveilles. L'artiste était alors tout dévoué à l'art, honorait son maître et l'appelait son père. L'art marchait ainsi en avant sans ces oscillations causées, de nos jours, par l'orgueil de l'originalité, tendance qui aboutit à renier à la fois la doctrine avec le maître et l'art, pour mettre à la place une personnalité, quelque petite qu'elle soit. L'isolement satisfait, pourvu qu'on se distingue, ne fût-ce que par la laideur.

Les figures du Parthénon ont donné naissance à de nombreuses statues dont nous sommes encore en possession ; à cette catégorie appartiennent : l'Hercule dit le Torse, un des Centaures du Capitole, le Jason attachant sa chaussure, etc. L'Hercule de Lysippe, du temps d'Alexandre le Grand, est repris, à la fin de la république romaine, par Glycon, qui le perfectionne et en fait la statue admirable de l'Hercule Farnèse. De même, Cléomènès, Athénien, le fils d'Apollodore, fonde son œuvre sur la Vénus de Cnide, dont il nous reste plusieurs copies, et il accomplit, environ deux cents ans après, une seconde création à jamais admirable, que nous considérons comme le modèle de la beauté physique la plus accomplie, et que nous connaissons sous le nom de la Vénus de Médicis. Cette fécondation de la beauté par une idée touche au vif d'une question à l'ordre du jour et confond l'école des réalistes. Cette école considère l'art comme une langue toute physique, et le fait consister dans la représentation des objets visibles et tangibles. Elle n'admet point d'amplification, et, sous prétexte de progrès, rognant de tout côté les ailes de l'âme et les droits de l'intelligence, elle voudrait river l'artiste à la terre. Si les lois de l'art étaient telles, comment expliquerions-nous les phénomènes bien plus surprenants encore de la Galathée de Raphaël, qu'admire le monde entier, et du Jupiter de Phidias, que toute l'antiquité chante en chœur, cette Galathée, née d'une idée de beauté, comme le roi des peintres le dit lui-même, et cette statue de Phidias, seconde Minerve sortie du front incliné du dieu que traça la main d'Homère ?

Tous les artistes dignes de ce nom savent très bien qu'il y a deux activités en eux : l'une spontanée, involontaire, inconsciente, irrésistible, c'est l'inspiration, force créatrice ayant le don de descendre du caractère et de l'esprit à la forme ; l'autre, observatrice, réfléchie, consciente, libre, s'empare de la nature et va de la forme à l'esprit. Chacun de ces mouvements n'aboutit à l'art que par des principes et des préceptes qui constituent son essence. Cette science règle et la nature et l'inspiration. Le génie de l'art, non-seulement ne subit pas la loi de la matière, mais, au contraire, juge sa nature et évalue sa beauté. Sans les règles de l'art, non-seulement l'inspiration serait impuissante à unir convenablement l'esprit avec la nature, mais encore elle serait incapable de prendre un corps.

M. Varnier comprend ces règles ; il est de ceux qui ont réfléchi sur l'esthétique, ne renient point la tradition et cherchent, à leur manière, le mieux dans l'absolu. La statue de Chloris, une des meilleures de l'exposition, a pris le chemin suivi par Cléomènès. Son point de départ est la Vénus de

Milo, que l'artiste fait asseoir le pied droit passant sous le genou gauche. Drapée à mi-corps à l'instar de la Vénus, la nymphe à qui le Zéphire a donné la surintendance des fleurs, élève, par un mouvement ravissant, les mains au-dessus de la tête sur laquelle elle arrondit une guirlande. Après avoir ainsi placé la figure, l'artiste a cherché le perfectionnement.

La grâce n'est-elle pas l'attribut de l'épouse du Zéphire? L'auteur en est convaincu ; c'est surtout par cette qualité qu'il croit atteindre son but ; sur ce chemin il est allé loin, car sa figure est douée d'une recherche de lignes dont la musique pourrait seule égaler l'harmonie. Mais il est arrivé que la déesse a disparu, et ainsi la pose antique de l'école de Scopas a fait place à l'attitude florentine. Ce n'est pas tout ; le grand effort vers la grâce cherchant partout la ligne coulante a trop écarté de l'esprit du sculpteur certains détails anatomiques ; ainsi les extrémités, si admirables du reste, acquièrent un aspect d'enflure où la charpente se noie. Malgré ce défaut, facile à réparer, et la préoccupation du canon académique, la figure serre d'assez près la nature pour être légère et animée.

On s'approche avec respect de cette figure fine et élégante assise et drapée aussi à mi-corps, et qui tient un cahier sur ses genoux. C'est la *Studiosa* de M. Mathurin Moreau ; elle appartient également à la famille des Grâces, et si sa beauté n'a pas l'éclat de la nymphe Chloris, elle tient plus et de la candeur du jeune âge et de la vertu intellectuelle. Son âme paraît en fête, et son visage s'illumine de plaisir en donnant l'hospitalité aux idées qu'elle accueille comme des amies, et qu'elle s'efforce de caser dans sa tête avec le visible désir d'en faire ses compagnes. Cette figure justifie la théorie des esthéticiens, qui font consister la grâce dans l'accord des mouvements du corps avec ceux de l'âme. La pureté de cette statue gagnera encore quand elle aura quitté son enveloppe de plâtre pour reparaître incorporée dans le marbre.

M. Salmon nous représente une délicieuse figure de dévideuse antique, assise et tenant élevée devant elle une bobine dentelée : on dirait sa bonne étoile. Cette figure est inférieure en ordre à la nymphe Chloris, néanmoins encore d'une grande portée artistique, et peut-être supérieure en technique. L'artiste a su pénétrer dans un gynécée, et, sans oublier la beauté générale, surprendre une personnalité, reflet de cet aspect de genre que représentent les fresques de Pompéi. Cette œuvre est chaste, pure et tranquille dans son ensemble ; la tête surtout est traitée avec une délicatesse extrême. Amoureusement finie, elle semble avoir été plutôt caressée que taillée par le ciseau.

La *Cigale* de M. Cambos, comme celle de la Fontaine, ayant chanté tout l'été, se trouve fort dépourvue depuis que la bise est venue; hélas! point de vermisseau! Pour calmer sa faim, une guitare; pour tout vêtement, une chemise bien courte et trop fine pour ne pas donner au vent du Nord le malin plaisir de jouer dans ses plis. Sa mine trahit assez la créature qui chante nuit et jour à tout venant; ses bras sont frêles, sa figure d'une délicatesse maladive. Elle ne peut plus prétendre qu'à toucher comme frileuse et à bien poser le dénûment; elle aurait beau donner maintenant sa foi d'animal, elle ne rencontrerait que des fourmis.

L'artiste l'a voulu parer d'une beauté plastique, et il y a réussi dans un sens; mais, comme l'esprit entraîne toujours la forme, sa statue, tout en étant de marbre et grande comme nature, n'a d'autre valeur que celle d'une vignette. Sa destination devrait être le *Château des fleurs*, où, placée sur un piédestal élevé, elle pourrait faire une fortune de plus d'un genre.

M. Paul Dubois est à sa troisième statue et à son troisième chef-d'œuvre. Au petit saint Jean et à Narcisse succède le chanteur florentin, qui remporte cette année la seule médaille d'honneur accordée à la sculpture. Certes, voilà un début bien brillant et pour ainsi dire sans exemple, promesse d'un avenir glorieux. Tout jeune encore, l'artiste se présente déjà avec un caractère de simplicité auquel on n'aboutit généralement qu'après avoir parcouru des routes tortueuses. Il en est des arts comme des machines, toujours plus compliquées à l'origine et plus simples à mesure qu'elles se perfectionnent. En sculpture, pour être sobre il faut être fort; plus on retranche, moins on peut cacher ses imperfections; en ce sens, l'auteur s'est donné la tâche la plus difficile à vaincre.

Le chanteur florentin est un jeune homme de seize ans, vêtu, à la mode du xve siècle, d'un pantalon collant, d'une chemisette et d'une soubreveste. La tête, coiffée d'un bonnet d'où s'échappe de tout côté une abondante chevelure, est fine et colorée et rappelle le portrait de Masaccio. Inclinant légèrement la hanche du côté droit par un mouvement souple et élégant, le jeune homme tient à la main une mandoline et en tire un son qu'accompagne un mouvement de lèvre d'une justesse à faire saisir l'intonation.

Cette statue, comme correction, supporte toute critique; on peut la considérer sous toutes ses faces, son mouvement est heureux et elle ne perd jamais la beauté géométrique. On voit cette première charpente que les anciens appelaient *canabos*, dressée avec un fil à plomb comme l'aurait fait l'ouvrier divin Prométhée. Elle acquiert successivement une pondération et des proportions exactes, des emmanchements justes, de bonnes masses et beaucoup d'harmonie. Enfin, du *canabos*, cause première de la perfection, jaillit la vie, qui se fait sentir au milieu de mouvements contenus.

Le style de la statue nous reporte à une période remarquable de la renaissance, sous la domination des Médicis. Il s'est fait alors une transformation dans la société italienne ; nous l'apercevons dans le lointain de l'histoire entourée d'une atmosphère brillante où littérateurs, savants, voyageurs, artistes et belles dames parlant le grec, sont confondus dans le même entretien ; tout se raffine, l'élément militaire disparaît, et un épicuréisme général s'étend même sur les œuvres de l'intelligence. Tout est Décaméron, jusqu'aux champs de bataille. Une déroute complète des Florentins ne leur coûtait que la perte de trois hommes noyés dans un fossé bourbeux. Une victoire, celle d'Anghiari, si célèbre par les cartons de Michel-Ange, causa la mort d'un seul homme foulé aux pieds des chevaux. Enfin, l'an 1479, pendant la guerre honteuse et dispendieuse que firent au pape et au duc de Calabre les Florentins, ceux-ci, malgré la supériorité de leur nombre, s'enfuirent à l'aspect de la poussière soulevée par l'ennemi. On peut donc s'expliquer pourquoi l'art profane de ce temps, en honneur dans la cité des hommes, ne revêt pas un caractère d'élévation. La cité de Dieu se comporta autrement : aussi il était réservé, disons-le en passant, aux Brunelleschi et Ghiberti de préparer les voies à Michel-Ange. Le *Chanteur florentin*, en s'appropriant l'art naturaliste de Donatello et l'unissant à la sculpture de genre d'aujourd'hui, devait rester une œuvre sans grande portée malgré son exécution. Le public et les connaisseurs lui refusent le bronze comme le marbre ; leur rêve est de le voir exécuter en onyx, en argent oxydé et même en breloque. Au moment où le jury lui-même pleure le grand art qui s'en va, était-il bien conséquent de couronner le petit ?

Au centre du palais de l'exposition, se dresse le Vercingétorix colossal de M. Millet. Sur son piédestal nous lisons l'inscription suivante: « La Gaule unie formant une seule nation, animée d'un même esprit, peut défier l'univers. — *Vercingétorix aux Gaulois assemblés.* (CÆSAR, *de Bell. gall.*, LVII, cap. XXIX.) Napoléon III, empereur des Français, à la mémoire de Vercingétorix. »

Le héros gaulois est debout, il a huit mètres de haut, sa corpulence est celle d'un Titan, ses deux mains reposent sur son épée, une cuirasse ornée de têtes de clous couvre sa vaste poitrine, un manteau à larges plis retombe de ses épaules ; des braies gauloises, enfin, serrées par des bandelettes autour des jambes, achèvent son costume composé avec autant de science que de sentiment pittoresque.

Cette statue est exécutée au repoussé, c'est-à-dire au marteau, avec des lames de cuivre, genre de travail pratiqué déjà par la plus haute antiquité aussi bien que par le moyen âge et la renaissance. On s'en servait surtout pour sculpter des objets qui devaient être légers. Modeler en feuille de métal et parties par parties une œuvre d'art, ressouder ensuite tous les fragments de manière à faire un ensemble harmonieux, n'est point une tâche facile; aussi devons-nous rendre justice à l'habileté de MM. Béchet et Monduit, qui se sont acquittés avec un grand succès de leur mission.

Abstraction faite de toutes les difficultés matérielles vaincues, il nous reste encore la substance de l'art à évaluer. Or, à notre grand regret, nous mettrons ici une sourdine à notre désir de louer toute la statue. La tête de la glorieuse victime à l'âme trempée d'acier, est disproportionnée, bizarre et d'une vulgarité inacceptable. Plus grands que ne le permet le bon goût, ses cheveux, emblème de la liberté chez les Gaulois, ont l'air d'avoir été peignés par des râteaux, tandis que sa barbe semble faite par des faucheurs. On chercherait en vain un reste de style, une réminiscence quelconque de l'art héroïque, ou même du naturalisme archéologique et barbare; on ne trouve dans cette tête que la sculpture romantique de 1830, molle et ébouriffée, illustrée par les pendules.

Un des morceaux de sculpture les plus complétement beaux de l'exposition est le groupe de Cérès rendant la vie à Triptolème, par M. Cugnot. Cérès, indignée de l'enlèvement de sa fille, auquel les dieux avaient consenti, quitta le ciel pour la terre. Errant parmi les hommes, elle s'assit un jour à la porte d'Eleusis, où le roi Celus, l'ayant aperçue, lui offrit l'hospitalité. Son fils Triptolème, enfant encore, était entre la vie et la mort; la déesse reconnaissante devait le guérir. L'œuvre de M. Cugnot nous la montre incarnée dans une plastique de l'école de Scopas et apparentée aux Niobés. Debout, elle pose un de ses pieds sur une petite élévation, et place avec tendresse le fils du roi des Eleusiens sur sa jambe. L'enfant, réduit à la dernière extrémité, la tête renversée, les yeux fermés, les membres affaissés, et environné des ombres de la mort, va recevoir le baiser de la santé. Cérès approche sa tête, regarde avec amour et complaisance l'enfant qu'elle destine à l'exécution de ses desseins, et dont son souffle vivifiant remue déjà les organes. On voit, chose touchante, la résurrection s'opérer par le cœur; la petite main se lève, à la vérité comme celle d'un aveugle, mais l'instinct la guide, et avec un mouvement d'une grâce indescriptible, apanage de la seule innocence, elle va toucher le menton de la déesse. Dès lors, on prévoit tout. Grand Dieu! se dit-on, il va ouvrir les yeux, et le premier mouvement de l'enfant sera un acte, que dis-je? un paroxysme de tendresse. Il y a dans la beauté de cette double reconnaissance la substance spirituelle d'une larme.

Cette statue, comme nous l'avons mentionné plus haut, est d'un style grec caractérisant une excellente époque et d'un sentiment tout chrétien. Elle peut nous faire entrevoir le chemin que l'art statuaire devrait suivre pour faire un pas de plus dans la perfection.

La *Méditation* de M. Dumas est une œuvre chrétienne par excellence, et d'une très grande valeur artistique, à laquelle il serait oiseux de vouloir assigner des ancêtres, car autant qu'il se peut elle procède directement de l'âme et de la nature. Cette statue en marbre représente une femme drapée depuis le sommet de la tête, accoudée sur un prie-Dieu que débordent ses deux avant-bras. D'une main elle tient une croix se dessinant en clair sur un fond obscur que les plis tombant de la tête lui ont ménagé avec art, et de l'autre une branche d'olivier inclinée avec grâce vers la terre. La figure porte l'expression d'une âme vivante et puissamment ordonnée, élevée à la hauteur des vérités infinies; on la dirait illuminée d'un rayon surnaturel qui lui prête cœur, sagesse et beauté, les vertus théologales de l'esthétique chrétienne. Mais pourquoi n'avoir pas appelé cette figure la Religion? C'est que nous vivons dans un temps où sa beauté n'est visible aux yeux du vulgaire qu'autant qu'elle est voilée ou déguisée sous une forme païenne.

Il y a dans l'art aussi des coups de bonheur; là, comme partout, la chance est capricieuse et ne sourit pas toujours au talent; mais en revanche il y a une justice que la Providence a attachée au labeur, et quand l'éclair d'un moment ne fait pas la fortune d'une œuvre, le talent a le droit de l'attendre de l'étude. C'est elle qui imprime aux créations de l'artiste un caractère de stabilité et les fait vivre toujours renaissantes et rajeunies pour les générations à venir. On suit dans la statue de M. Dumas, non-seulement la trace des plus profondes et des plus graves méditations, mais en même temps l'empreinte d'une figure longuement méditée sous le rapport technique. L'effet est savamment combiné, en vue de larges partis pris d'ombres et de lumières et d'un coloris merveilleux. La tête penchée en avant, de laquelle tombe des deux côtés la draperie dont nous parlions plus haut, s'élève en clair de tous côtés sur une grande ombre qui descend jusqu'à la ceinture. Je laisse à soupçonner aux artistes le magnifique clair-obscur du menton et du cou, prolongé dans cette grande séquestration de lumière. Mais ce n'est pas tout, une partie des épaules, dans la plus grande profondeur du creux, s'enlève en sombre sur la draperie qui retombe par derrière. J'ai attribué tout d'abord cet effet à la transparence du marbre aminci pour donner exactement le jeu de la draperie naturelle; or, il n'en est rien, ce coup de maître est dû à l'inclinaison intelligente de la draperie, qui recueille les reflets; tandis qu'une ombre portée exerce son effet régulièrement sur les épaules. La croix est ramenée vers le corps par des mains correctes, nerveuses et pleines de physionomie, disposées pour être la cause de précieux effets de lumière, et se détachant radieuses sur la poitrine foncée. D'autres effets, pleinement constitués par la présence de la lumière, de l'ombre, du clair-obscur et de l'ombre portée, se répètent encore au-dessous du prie-Dieu. Toutes ces qualités jointes ensemble donnent à cette œuvre une valeur artistique considérable.

M. Etex ne s'est pas inspiré d'un sentiment religieux bien pur quand il a conçu sa statue de saint Bernard, âgé de dix-huit ans, se roulant sur des épines pour vaincre la matière. En le voyant, on dirait une nouvelle édition d'un Hermaphrodite, tant l'artiste a donné un corps efféminé à l'ascète chrétien. Non, ce n'est pas le saint du XII° siècle, c'est un Grec voluptueux dont les reins, les jambes et les pieds sont d'une délicatesse attique; la tête est trop petite, une certaine suavité de contours, mêlée à une très légère crispation, ne renferme pas non plus l'idée d'une douloureuse pénitence. Cette expression une fois manquée, l'œuvre est devenue choquante pour des chrétiens; c'est une mauvaise plaisanterie, d'une exécution un peu pauvre, pour le reste des mortels.

Si saint Bernard est bien Grec, en revanche saint Paul devant l'aréopage, dû au ciseau de M. Lebœuf, est bien peu citoyen romain. Noyé dans une draperie dont il ne sort qu'une jambe, il jette le bras droit en l'air sans compensation géométrique, ce dont le goût délicat de l'antiquité ne se serait jamais contenté. La tête est celle d'un barbare à tignasse effarouchée. Une fois ces réserves faites, nous n'avons qu'à louer l'exécution de la tête et des pieds, et surtout les draperies, parties principales de la statue. Elles sont conçues dans un style décoratif, mais faites avec fermeté, souplesse, ampleur, légèreté, et assez de méthode dans la distribution des masses pour éviter la confusion, si nuisible à l'art statuaire.

La figure d'Agar, de M. Charles Gauthier, est une œuvre sérieuse, dans laquelle l'artiste cherche à concilier la beauté plastique avec l'expression, et la nature ici semble être contrôlée par l'antique. Agar est debout, les mains jointes au ciel un peu à droite de la tête, et le corps légèrement arqué de droite à gauche. Ce mouvement est admirablement trouvé, non-seulement pour équilibrer le corps d'après les règles de Léonard, mais encore pour aider tous les membres à concourir vers un but unique par différentes expressions. Les Grecs, craignant d'arriver à la laideur par l'expression du visage, ont fait des merveilles dans ce genre. Les mains nerveuses de la statue, levées vers le ciel avec ardeur, donnent l'idée d'un mouvement extraordinaire. La tête n'exprime que la foi avec un sentiment contenu, comme si l'âme l'avait déjà à moitié quittée; la poitrine est gonflée, tandis que le bas du corps rappelle ce balancement que fait le poisson pour remonter à la surface de l'eau. Cette mère est si pure et si pleine de grâce et d'harmonie, puis elle a si soif pour l'enfant qui meurt, que les anges devaient être touchés.

Le berger Lycidas, par M. Truphème, est debout, sculptant la poignée d'un bâton. Il porte un chapeau arcadien sur la tête, une draperie sur l'épaule gauche, et un chien fidèle est à ses pieds. C'est une œuvre simple, correcte, un peu archaïque; mais si elle n'est pas exempte de sécheresse, et si la draperie sent plutôt la pénurie que la simplification, elle ne manque ni d'ampleur ni d'élégance : on dirait une œuvre d'avant Polyclète, de l'école de Sycione, telle que je me la figure dans cette ville faible, savante et polie, rappelant assez Sienne du temps de la renaissance.

M. Dieudonné nous représente Alexandre le Grand tuant le redoutable lion de Bazaria. Le héros a saisi déjà d'une main par la crinière le rugissant animal à demi dressé sur ses pattes, tandis que de l'autre il brandit l'épée dont il va le frapper. Le cadavre d'un animal, un manteau et un casque, garnissent le bas du groupe. Cette œuvre, taillée dans un énorme bloc de marbre, est d'un très bel aspect et caractérise bien le style héroïque dans lequel Lysippe a fait entrer l'art. La figure est d'une exécution savante et hardie, les articulations grandement accusées, les os recouverts de muscles vigoureux et de savantes dépressions; on trouve enfin de l'athlète et du dieu dans cette statue. Il est à regretter que le lion soit à moitié manqué.

M. Goumery a visé très haut en exposant deux statues allégoriques : la *Science* et la *Jurisprudence*. La Science est une figure assise et drapée, accoudée sur un livre, tenant de la main gauche une tablette, et de la main droite un stylet, qu'elle porte instinctivement au visage avec un air méditatif. La Jurisprudence lui fait pendant; elle est également assise et drapée, comme la première figure, depuis les épaules; elle vient de trouver la lettre de la loi dans le code qu'elle tient ouvert et semble prononcer un arrêt.

Ces deux statues ont un grand aspect, dû à la tendance de l'artiste vers la généralisation, à l'ampleur de la plastique et à la vigueur de l'exécution. Elles sont le résultat de cet art qui consiste à unir un choix de différentes beautés, et rappellent la sévérité de l'art romain du temps de la renaissance. On mesure ; tout est exact, tout est correct, tout est bien équilibré ; cependant elles ne vous charment point. C'est le sort de la plupart des compositions allégoriques de nos jours, et, en général, de celles qui recherchent l'absolu. Mais à qui la faute ? C'est à l'art moderne.

On a beaucoup raisonné sur la manière dont les anciens sont arrivés à créer leurs inimitables chefs-d'œuvre ; on a même douté, malgré l'histoire de Zeuxis, que la beauté de ces chefs-d'œuvre fût empruntée à divers modèles. La visite de Socrate chez le peintre Parrhassius, dont parle Xénophon, ne nous laisse aucun doute à ce sujet : « Si vous voulez représenter une beauté parfaite, dit Socrate, comme il est difficile de trouver des hommes dont toutes les formes soient exemptes de défauts, vous réunirez les beautés de plusieurs modèles pour en faire un seul accompli. — En effet, répondit l'artiste, tel est notre procédé. »

Mais l'antiquité, ayant trouvé les éléments de la beauté, ne s'est pas flattée d'avoir réussi. « Si nous voulons, dit Lucien, réunir dans la même figure la taille élevée de la Vénus de Praxitèle, les mains de celle d'Alcamène, le cou de l'Amazone de Phidias, le sourire pudique de la Sosandre de Calamis, *il sera difficile de joindre et d'accorder ces beautés différentes dans d'exactes proportions ; il faudra tout notre art pour réunir l'harmonie d'ensemble et la variété.* » Il y a encore d'autres difficultés dont Lucien n'a pas parlé, c'est le choix des membres en vue d'un caractère dont nous voulons exprimer la perfection. Or, voilà ce qui fait la gloire de l'art antique, et, s'il noie dans le panthéisme l'expression du visage, il fait circuler l'esprit et le sang dans les membres avec une unité d'idées qui fait de la beauté de réunion un absolu personnel, une qualité vivante. Aussi un Hercule devient entre ses mains une machine de guerre, un Apollon peut charmer et féconder toutes les créations, une Minerve résume son origine : la force de Jupiter qui foudroya les Titans, et la substance, cette raison suprême de la nature qui régit l'antique monde des panthéistes.

Tout cela n'est pas l'effet du hasard, car la science conduisait les artistes : Anaxagore voit, du temps de Périclès, des signes d'intelligence dans la forme des mains et des pieds, et Aristote fait un traité pour enseigner le caractère moral empreint dans la forme des membres. De nos jours cette science est pour ainsi dire entièrement en dehors des préoccupations artistiques. On fait une figure correcte, on proportionne les membres : ceux qui ont le plus de foi dans la beauté contrôlent la nature par l'antique ; puis, après avoir exclu l'expression par un respect superstitieux pour le grand style, on croit avoir atteint la beauté absolue, tandis qu'on n'a fait qu'une figure divinement plate.

La *Notre-Dame d'août* de M. H. Lavigne mériterait d'être popularisée. Elle remplacerait avec beaucoup de succès les vierges que le moule jette à la dévotion publique. Debout comme un lis, portant l'enfant Jésus sur son bras gauche, elle ne se penche légèrement à droite que pour s'équilibrer. Elle incline devant la gloire qui a racheté le monde une noble tête dont l'expression pénétrée et confondue rappelle la vierge de Dresde. La draperie qui couvre son sein remonte sur la tête coiffée comme le sont les séraphins de Pérugin, la laisse entrevoir de trois quarts, et retombe à droite derrière les épaules. L'enfant Jésus tient de la main gauche la sphère surmontée d'une croix, et de l'autre bénit le monde. C'est une œuvre très pure, presque trop élégante, qui rappelle l'école de peinture préraphaélesque avec plus d'ampleur.

Aux deux côtés de cette statue se trouvent deux anges d'un auteur dont je veux taire le nom, qui font des grimaces pieuses à la Vierge. Si c'est un fait exprès, on a très bien réussi, car on n'aurait pas pu jouer à M. Lavigne un tour plus pendable.

M. Le Veel nous montre un Charlemagne à cheval, non pas tel que nous le connaissons, avec sa barbe descendant à mi-poitrine et son air de héros féodal et romantique, mais tel qu'Eginhard nous l'a décrit. Il n'a qu'une moustache ; sa tunique est serrée à la taille par le ceinturon de cette épée qui est parvenue jusqu'à nous ; un pantalon galonné de lanières, un petit manteau jeté au vent et retenu sur sa poitrine par une fibule, et des brodequins bordés de fourrure, complètent le costume. La tête est surmontée d'une couronne à demi fermée et bien connue, et sa main tient le symbole de l'empire. Jusqu'à présent nous connaissions Charlemagne tel que les épopées nationales de la *Bibliothèque bleue* nous l'ont montré, mais dorénavant il faudra accoutumer notre esprit à voir dans le grand empereur plutôt un Romain dépaysé qu'un patriarche héroïque des cycles chevaleresques. Il y a un beau mouvement et de la grandeur dans la statue, et le cheval prouve que l'artiste connaît tous les ressorts intérieurs de l'animal.

Nous voyons avec plaisir Mlle Mars dans son costume de Célimène, et toujours à vingt ans, âge où le temps a oublié la célèbre comédienne pour le reste de ses jours. M. Thomas a voulu encore, par surcroît, faire triompher cet âge heureux contre les siècles, et a taillé sa statue dans du marbre blanc. La physionomie est spirituelle et vive, et la bouche entr'ouverte prête à lancer un trait irrésistible. Les accessoires sont très bien traités, les dentelles se marient, se chiffonnent heureusement avec les plis de la robe, et introduisent dans l'aspect du costume cet arrangement capricieux appelé machine par les sculpteurs du siècle dernier.

Le *Prisonnier livré aux bêtes*, de M. A. Jacquemart, fait partie des meilleurs ouvrages de l'exposition. Le robuste barbare vient de sortir triomphant de la lutte ; il soulève d'une main crispée la panthère qu'il vient d'égorger ; il avance d'un air conquérant et se jette de côté pour contrebalancer la pesanteur de la bête, dont tous les membres s'affaissent. Les muscles du lutteur sont soulevés et marquent une extrême agitation. Ses narines sont enflées par l'émotion et il respire à longs traits, les dents encore serrées. C'est une œuvre de genre sans grande recherche de style ou de beauté, mais pleine de vie et de tempérament ; la panthère est admirable de vérité.

Ailleurs se trouve un buste en marbre de M. Becquet ; c'est une charmante tête de vieille femme, qui a figuré déjà en terre cuite à l'exposition de Besançon. L'artiste y a mis beaucoup de talent et a su donner un aspect pittoresque au fichu et à la coiffure, portée encore dans quelques villages reculés de la Franche-Comté. Ce buste, chose rare, a eu le privilége d'arrêter le public.

Nous n'avons que la place de mentionner un petit buveur de bronze, courbé vers la terre et vêtu de peau de mouton. Cette figure est de la famille des pêcheurs napolitains ; elle est due au ciseau de M. A. Vautier.

Une figure de Ramsès, de M. E. Picault, tenant à la main deux chevaux, symbole de la souveraineté en Egypte. Cette figure est conçue avec les développements qu'on a donnés au style égyptien du temps d'Adrien.

Un délicieux petit berger de M. Roubaud, intitulé la *Vocation*, qui sculpte d'un air très avisé une figure de bélier fort reconnaissable déjà, ayant un os pour maillet et pour ciseau un clou.

Un beau buste de Napoléon III, par M. Iselin.

Et deux magnifiques taureaux dignes de Myron, par M. Bonheur.

Nous avons fait ressortir les qualités qu'il faut admirer dans l'art antique, elles sont destinées à occasionner des renaissances périodiques, car elles font partie des principes qui constituent l'essence de l'art, et chaque fois que le goût, lassé des caprices énervants de la mode, voudra s'enquérir d'un art plus substantiel, il reviendra à l'antique pour se réformer. Mais si notre admiration pour l'antiquité est grande, nous ne croyons pas que l'art ait dit avec elle son dernier mot. Il viendra un temps où l'art du Dieu fait homme sera supérieur à celui de l'homme fait dieu ; et nous ne croyons pas tout perdu quand même tout croulerait autour de nous.

Mais voyons aussi quels sont les défauts de l'art antique.

Le fond de la croyance des anciens était le panthéisme, système où tout passe et se transforme sans détermination, où la nature n'est qu'une fermentation sans but comme sans fin. L'antiquité n'avait des dieux que pour nommer des éléments ; ainsi Mars, avant d'être le dieu de la guerre, était l'emblème de la chaleur ; Vénus, avant d'être la déesse de l'amour, était celle du principe humide, comme Apollon, avant d'être le dieu des muses, était celui de la génération, etc. Toute la construction mythologique n'était qu'un roman écrit par des poëtes, dont les législateurs se sont servis comme d'une base morale, sans laquelle le monde intellectuel ressemble à la nature privée de soleil.

Avec les contes mythologiques on posa des têtes sur les bornes qui servaient de dieux. On leur donna des membres et on les fit entrer en action, puis on chercha dans la représentation humaine des beautés capables de donner l'idée d'une divinité et dignes de représenter des symboles religieux. Mais les panthéistes, qui cherchaient la beauté dans la déification de l'homme, devaient fatalement absorber son âme au profit de la nature organique ; ainsi toute œuvre soumise à l'influence de la foi antique, avait, jusque dans son activité même, quelque chose de la force aveugle et inconsciente.

La philosophie a fait des tentatives pour mitiger et même pour abolir le système mythologique, qui blessait la morale et la raison.

La haute intelligence de Platon, remontant à la source de toute chose, fustigea Homère ; et Euripide, bien avant Lucien, a déjà déclaré la guerre aux absurdités mythologiques. Mais le monde moral était trop obscurci pour rompre avec les superstitions et donner à l'âme ses droits. L'absorber paraissait aussi beau que religieux. La littérature même, pour rester au sommet de l'idéal, procédait souvent par élimination. C'est ainsi que Sophocle, dans *Antigone,* n'aborde les sentiments du cœur qu'avec un superbe dédain, n'étant pas convaincu, comme le sont les chrétiens, que l'amour, passant par le milieu des vertus, pouvait être un idéal parfait. L'art d'Eschyle, comme l'art de Phidias, était déjà trop émancipé de la religion aux yeux du vulgaire ; Eschyle le sentait lui-même, et quand ses deux frères le pressèrent un jour d'écrire un hymne en l'honneur d'Apollon, il leur répondit « que la chose était faite dès longtemps et pour le mieux par le poëte Tynnichos ; que si à l'œuvre de celui-ci il opposait maintenant une œuvre nouvelle et sienne, elle aurait même fortune que les statues récentes des dieux en présence de leurs statues antiques, c'est-à-dire que celles-là, rudes et simples, sont réputées divines, et que les autres, plus jeunes, et travaillées avec plus d'art, sont admirées, mais qu'elles ont moins du dieu en elles. »

L'artiste, à son tour, voulant glorifier le corps, se défia de l'âme, qui n'appartenait pas à la nature universelle. « L'âme est encore comme un embryon captif, dit Schlégel, tandis que les formes corporelles ont pris leur entier développement et toute leur perfection. » L'expression du visage s'est réfugiée tout entière dans la forme, la simplicité esthétique et la pureté linéaire image d'une vague pureté morale ; puis dans la force et l'impassibilité, également considérées comme des témoignages de l'excellence morale.

Rien de plus étrange et instructif que le dialogue entre Socrate et le peintre Parrhassius, dont Pline vante le talent d'expression. Le véridique Xénophon nous montre Socrate faisant avouer par degrés à l'artiste que les qualités de l'âme peuvent être exprimées dans la peinture. « Le sens de cette conversation prouve assez, dit le célèbre statuaire Falconet, que l'artiste avait ignoré jusque-là quelques parties essentielles de son art. Il peignait donc sans expression, ou du moins il n'avait pas encore l'intention de représenter celle dont lui parlait Socrate. »

A la vérité, la littérature ancienne est remplie d'enthousiasme lorsqu'elle vante l'expression de certaines statues, surtout de celles de Praxitèle ; mais les mêmes paroles sont déjà employées pour caractériser les œuvres de Dédale, et, suivant Diodore de Sicile, on disait que ses statues respiraient, elles marchaient ; il fallait les enchaîner : sans ces précautions elles quittaient leurs bases et prenaient la fuite, etc. Or, selon Pausanias, Dédale fut le premier qui osa séparer les jambes des statues en ronde-bosse.

Mais rien ne peut résister au témoignage des statues dont nous avons hérité de l'antiquité. Nous voyons en elles une expression répandue sur le corps entier ; mais celle de la tête est toujours indéterminée, quand elle n'est pas complètement nulle. Les groupes antiques des *lutteurs*, chefs-d'œuvre de vivacité dans toutes les parties du corps, n'ont aucune expression dans le visage. Le fougueux gladiateur d'Agasias, merveille de la sculpture, n'en a pas davantage ; comment après cela *espérer* en trouver dans les œuvres plus calmes? Mais, chose étrange ! là où l'expression a été positivement cherchée, la grimace se trouve toujours, comme si l'âme voulait se venger. C'est ce que l'on voit dans les statues, du reste si étonnantes de perfection, des Niobés et du Laocoon.

Prométhée a pu animer l'argile, le Christ seul peut lui donner un esprit, et si l'expression tend à déprimer l'homme dans les œuvres païennes les plus parfaites, dans les créations chrétiennes les moins correctes l'expression aspire à le relever.

L'âme n'est l'ennemie du corps que dans les écoles, mais l'art ne peut que gagner en lui rendant son juste privilége. La beauté éclatera plus rayonnante que jamais quand l'âme sera convenablement unie à la plastique. En effet, qui pourrait douter de la splendeur d'une puissance intelligente, active, cause de toute communauté entre les hommes, libre, ordonnée, dont l'idéal est dans la raison divine? C'est cette beauté toute chrétienne qui prévaudra un jour sur l'antique, quand on aura le bon esprit de travailler dans un but moral avec une force collective et un vrai dévouement à l'art. Et si la sculpture chrétienne n'a pas atteint la perfection païenne déjà du temps de la renaissance, c'est qu'on a faussé, dans l'origine, l'instruction artistique par des théories déplorables, qui lui ont fait prendre la chimère pour l'idéal : *le concept, le moteur mental, le dessin spéculatif, seuls modèles du dessin extérieur ou pratique, etc.*, sont autant de théories qui ont précipité l'art, comme jadis Icare, des nues pour le faire tomber dans la raideur des articulations, l'uniformité des figures, la grâce factice, dans les draperies maniérées, etc. Ainsi on a mis sa personnalité et le mode à la place de la nature. Or, si nous ne subissons pas aveuglément les lois de la nature que l'artiste juge et choisit, si nous avons vu des chefs-d'œuvre jaillir même de l'idée pure, en avons-nous vu qui fussent contraires à la nature? « Pensez-vous, disait Platon, qu'un peintre dût être réputé plus habile, si après avoir peint un homme parfaitement beau et accompli dans toutes ses parties, il ne pouvait en faire voir un autre parmi les êtres vivants? Non, par Jupiter ! »

La grande connaissance anatomique des artistes devenait même une cause de laideur; l'ostentation de la science a fait trop voir tous les ressorts de l'homme, et en a outré les mouvements. Les femmes que ces artistes représentaient sont gracieuses, sveltes, élégantes et correctes, mais loin du goût vrai et simple des statues antiques. Elles sont recherchées dans leurs attitudes et moins variées, parce qu'elles procèdent moins de la nature. En général, quand les maîtres de la renaissance regardaient la terre, ils développaient un sentiment moins chaste que les païens; si, au contraire, ils fixaient les cieux, ils perdaient de vue la terre. « Or, comme le dit Platon, rien d'imparfait n'est la juste mesure de quoi que ce soit. »

En embrassant d'un dernier coup d'œil général l'exposition, où dominent les dieux du paganisme, où héros, nymphes, actrices, simples artisans même ont leurs statues, nous voyons qu'on ménage un piédestal aux talents les plus modestes, une couronne à tous les dévouements. Le cœur généreux de la France sait surtout honorer le génie malheureux, et de temps à autre Palissy revient sur la scène jetant à la flamme créatrice ses derniers meubles. Je me demande comment il a pu se faire que l'illustre et infortuné Jouffroy n'y parut jamais !

La génération qui nous précède a vu dans nos murs un homme de génie méconnu, déshérité, traité de fou par tout le monde. A la fin de ses jours, on lui donne même, par mépris, le sobriquet de *La Pompe*. Retiré à Paris, une sœur âgée, qui l'avait aidé à construire les modèles de ses machines dans la vieille tour du manoir d'Abbans, lui envoie, de temps à autre, une modique pièce pour payer le pont et venir dîner chez elle; il meurt enfin aux Invalides, et il est oublié ! Or, il laisse en héritage au monde, non pas un simple vernis pour couvrir la faïence, mais une invention sans égale. La machine dont il fait les premiers essais à Lyon, puis sur le Doubs, fend maintenant orgueilleuse les flots de l'Océan, la vapeur sillonne le sol des cinq parties du monde, et féconde partout l'intelligence en multipliant les bras de l'homme. Jamais dynastie n'a fait une plus grande révolution sur le globe.

Mais vous, habitants de Besançon, n'avez-vous rien à vous reprocher ? Quand vous entendez ronfler la pompe de la Mouillère versant l'eau du Doubs dans ces formidables moteurs qui vous transportent à vos affaires ou à vos plaisirs, ce bruit ne vous semble-t-il pas une plainte ? Prenez-y garde, il peut devenir une insulte. Mais, non ! vous écouterez ce glorieux sobriquet de Jouffroy, cette pompe vous dira qu'il y a une communauté de gloire entre vous et lui, et qu'en décernant une statue à sa mémoire, vous vous mettez sur un piédestal.

PEINTURE.

L'image du complet développement artistique dans ses trois principales phases nous donnera une idée, sinon absolue, du moins très approximative, de la valeur intellectuelle des branches de l'art. L'artiste commence à faire son éducation tout d'abord par l'imitation. « Le commencement doit être un temps de contrainte, comme le dit Reynold, car rien de ce qui passe à la postérité n'est fait aisément. » Par l'imitation on s'initie à la science des corps, à la nature des lumières, à la perspective aérienne et linéaire, que Léonard de Vinci considère comme la première chose à savoir. Cette période est celle de la copie, ou, pour mieux dire, de l'interprétation élémentaire de la nature, en un mot, c'est le réalisme véritable dans sa bonne acception.

A la suite de l'imitation, vient le réveil du goût, l'art heureux du choix et de la combinaison ; avec les éléments de cette période on a constitué l'école de la beauté pittoresque.

Enfin, quand l'artiste, armé de la science de l'imitation, guidé par le goût et initié à la métaphysique de l'art, saura trouver le type approprié à une idée générale et nous la présenter dans une beauté immuable, il aura atteint le point culminant de son éducation, et dès lors il sera peintre d'histoire.

Il va sans dire, comme le fait remarquer Reynold, que « la perfection dans un genre secondaire doit être préférée à la médiocrité dans un genre sublime ; » mais, qu'on le sache bien, les hauteurs de l'art sont hérissées de précipices, et tel tableau de style à l'apparence médiocre renferme dix fois plus de bagage artistique que tel autre tableau de genre dont l'aspect nous ravit.

Pour apprécier au juste la valeur d'une création artistique, il faut encore ne pas perdre de vue cette vérité : que l'esprit n'est jamais trompé au point où les sens sont abusés. En effet, entre conduire notre esprit ou s'emparer de nos sens, il y a un abîme. Un réaliste ignorant suffit à remplir cette dernière condition, d'autant plus que dans l'ordre de nos idées la sensibilité précède la réflexion. En revanche, il faut avoir une organisation artistique puissante, et une éducation complète, pour ébranler notre intelligence et la rendre active, tout en ne lui présentant qu'une plastique contenue pour satisfaire aux conditions du beau. Il faut être supérieur pour maintenir le domaine de l'âme sur les sens en satisfaisant cependant aux exigences légitimes de l'art relativement au corps. Enfin, on doit être versé autant dans les mystères métaphysiques que dans les ressources de l'art, pour mettre en harmonie l'idée morale avec le type physique de la figure.

Ces considérations une fois établies, il nous sera plus aisé de nous orienter dans le dédale de la critique, en commençant par les œuvres qui ont sérieusement concouru pour la médaille d'honneur. Elles sont dues aux pinceaux de quatre maîtres, MM. Delaunay, Cabanel, Breton et Corot, et, par un hasard particulier, elles représentent, dans l'ordre nommé, les quatre principales divisions de la peinture : l'histoire, le portrait, le genre et le paysage. C'est dans cet ordre que nous les passerons en revue.

Le tableau principal de M. Delaunay représente la *Communion des apôtres*. Le Christ, prêtre et victime à la fois, est au milieu de ses disciples, tenant en main le pain de la régénération. Ceux-ci, prosternés ou debout, semblent le considérer comme un tabernacle vivant où Dieu est entré avec l'âme et la raison de l'homme. En effet, dans l'expression du Christ, le Dieu est si bien uni à la nature humaine, qu'en le contemplant, ces paroles de l'Eglise me reviennent sans cesse à la mémoire : *Verbum divinum animam humanam eamque rationis participem assumpsit*. Ici la raison humaine jointe à la sagesse divine va donc se donner elle-même. Saint Pierre est particulièrement tout pénétré de la grâce qu'il va recevoir; agenouillé à gauche au premier plan, il est vu de dos, penche son corps en avant, lève légèrement la tête en étendant en arrière le bras droit. Or, ce bras est un chef-d'œuvre d'expression, qui, joint au mouvement du corps, donne l'idée d'un sublime élan de foi et d'un état énergique de l'âme digne du caractère du grand apôtre. Ce mouvement, très remarquable, est un coup de fortune pour l'artiste; il n'est permis à l'esprit de l'homme d'atteindre cette hauteur que par éclairs. A côté de saint Pierre se trouve saint Jean, le disciple bien-aimé, dont l'extase est aussi très puissante, mais suave et passive. La Madeleine est une des figures du premier plan, se dessinant à droite du tableau en profil perdu. Elle est particulièrement touchante par son humble ferveur, et le respect s'attache à sa personne; on dirait que le peintre a dérobé sa figure pour montrer que la dévotion avait aussi sa pudeur, mais si son visage se voile, l'esprit n'en rayonne pas moins à travers le corps entier; en effet, il émane de tout son être une odeur de piété qui se trahit comme le parfum d'une fleur cachée. Au fond de la salle, saint André se tient debout avec d'autres apôtres; enfin un homme se détache de l'assemblée et s'éloigne, c'est Judas traître à son Dieu. Au fond du tableau, la vue s'ouvre sur une campagne traitée dans le goût du paysage historique : elle est inondée d'un vif éclat, mais si bien subordonné que l'auréole du Christ s'enlève en clair sans effort sur ce point lumineux.

En analysant cette page, les noms de Raphaël, du Poussin et de Lesueur voltigent sur nos lèvres. Cette création n'en est pas moins toute nouvelle. Ce qu'elle a de commun avec celles de ces grands maîtres, c'est la fermeté du dessin, sa correction, la valeur puissante des partis pris, la bonté de la technique, l'ampleur, la beauté géométrique, et la cassure magnifique des draperies. Mais par dessus tout, ce qui rappelle les maîtres, c'est le style, qui ne tient pas uniquement à la tradition ni aux combinaisons pittoresques, ou aux artifices d'exécution qu'emploient les gens habiles pour suppléer à une émotion absente, mais qui a sa racine au plus profond de la conscience, et sa sève dans une moralité intellectuelle. De là vient, dans l'interprétation de la nature, une puissance de transposition qui élève la création artistique comme la métaphore dans la parole articulée agrandit la pensée, transpositions aussi possibles dans tous les arts que dans l'algèbre.

Si nous avions un vœu à former pour ce tableau, c'est qu'il fût moins bas de ton. La grande préoccupation de la sobriété en vue de l'unité a entraîné l'auteur à noyer des détails dans les parties d'ombre trop plombées. A la vérité, il s'agissait de ne pas démentir la sévérité du style et du dessin par la couleur qui devait leur être associée. Mais ces ombres, tout en restant sourdes et peu meublées, auraient pu avoir plus de transparence et d'atmosphère. Nous voyons par les tableaux d'André del Sarte, qui aimait les ombres discrètes, combien on peut leur donner d'intensité et de légèreté tout à la fois, sans nuire à la grandeur de l'aspect ou à la sublimité de l'impression.

Nous ne pouvons passer sous silence un tableau de M. Delaunay représentant une Vénus précédée par l'Amour, debout dans une conque marine, et offrant à la brise, à l'instar de voile, une abondante chevelure d'or. C'est une petite page d'un grand style : on dirait une fresque de l'école milanaise, d'une exécution un peu molle.

M. Cabanel, dont nous avons admiré plus d'une fois les œuvres historiques, occupe un rang élevé dans l'école française. Il expose cette année deux portraits, celui de l'empereur et celui de Mme la vicomtesse de Ganay, qui lui ont valu la médaille d'honneur. Or, étant du jury, il se trouve tout à la fois juge et partie dans sa cause, et pour peu qu'on suspecte le cœur humain, on est tenté de contester à quelqu'un la compétence de se couronner de sa propre main. Enfin, la fortune a toujours souri à M. Cabanel, et, jeune encore, il est arrivé à l'Institut. En voilà déjà assez pour exposer cet artiste à devenir le point de mire d'une critique peu bienveillante. Il ne nous en coûtera pas beaucoup de faire abstraction de toutes les passions étrangères à la valeur intrinsèque de l'art.

M. Cabanel nous donne de l'empereur un portrait en habit noir, avec la culotte et les bas de la même couleur, la cravate et le gilet blanc que traverse le grand cordon de la Légion d'honneur ; c'est un de ces portraits dont le caractère est, comme on le dit aujourd'hui, d'être fashionable. La figure se présente debout, appuyée de la main gauche sur une table couverte d'un tapis de velours vert frangé d'or, et tenant l'autre sur la hanche. La table est chargée du manteau et des insignes impériaux ; le fond du tableau est une pompeuse galerie noyée dans un ton neutre.

L'ensemble est très harmonieux, d'une exécution homogène, légère, d'un dessin serré révélant l'effort ; les mains sont correctes, la tête surtout est un morceau précieux ; à la vérité elle manque de solidité dans le modelé, mais elle est d'une parfaite ressemblance, puis elle n'est pas dépourvue d'un certain caractère. La pose comme les proportions des membres offrent une prise incontestable à la critique. Il est contre toutes les règles du goût de faire tomber la ligne perpendiculaire de la tête entre les deux jambes, d'autant que la main posée sur la table étant un troisième appui, cette position devient illogique. Cette posture est cause d'une légère raideur générale et donne un air de tréteaux aux jambes, malheureusement trop courtes par rapport au développement du torse. Le corps étant également supporté par les deux jambes, le torse devait être peu mouvementé ; de là vient aussi un manque de désinvolture dans les plis de l'habit. Il serait injuste de chercher chicane à l'auteur en évoquant des comparaisons. Il est certain que le portrait de Flandrin, qui déplut, sera choisi par l'histoire ; mais aujourd'hui Ingres s'étant retiré de la scène, combien y aurait-il d'artistes qui, présumant mieux faire, auraient le courage de jeter à M. Cabanel la première pierre ?

Le portrait de Mme la vicomtesse de Ganay a eu un succès supérieur à celui du portrait de l'empereur, sans le valoir sous le rapport artistique, n'offrant nulle part des morceaux amenés au même degré de perfection. Il serait donc difficile de dire lequel du modèle ou de l'artiste a contribué le plus à la fortune du tableau.

Une jeune femme à la structure noble et élancée se tient debout, vêtue d'une robe en velours violet élégante et simple. Une chemisette transparente sobrement enrubanée, de la couleur de la robe, voile la poitrine et laisse échapper le cou, portant sans effort une tête dans les proportions de la Diane chasseresse. Les bras pendants se terminent par des mains aristocratiques dont quelques doigts s'entrecroisent. Pour tout bijou une rose thé à demi épanouie se profile au corsage.

A la distinction des formes se joint ici le naturel ; de là vient un souffle de grâce qui semble embaumer l'effort de l'artiste et faire le succès du tableau. Il n'appartient qu'aux esprits privilégiés de saisir la grâce : c'est une sensitive qui souffre quand on la touche d'une main profane, et en courant après on risque d'attraper la mignardise. La grâce physique ne se pose pas et ne se donne pas autrement que la grâce morale, c'est-à-dire par surcroît. « On peut disputer le prix de la beauté comme firent les trois déesses, disait un esthéticien, tandis que le seul projet prémédité de montrer la grâce la fait disparaître. »

En résumé, le talent souple, délicat et spirituel de M. Cabanel peut-il prévaloir sur l'exécution puissante, élevée d'intention comme de style, de M. Delaunay? Non, car même en faisant entrer en ligne de compte les tableaux d'histoire de M. Cabanel, nous trouvons entre lui et M. Delaunay toute la distance du joli au beau.

M. Breton était un des concurrents les plus sérieux à la médaille d'honneur, et le public, désaccoutumé des hautes régions du grand art, l'a désigné comme le plus méritant. En effet, il réunit un ensemble de qualités du premier ordre, une originalité hors de doute, et, chose rare dans ce siècle de réalisme, une sincérité adorable. S'il rappelle Léopold Robert, c'est par la puissance de l'exécution et la mélancolie de l'expression, mais il lui est incontestablement supérieur, non-seulement comme justesse d'observation, mais comme science, disposant de plus grandes ressources artistiques. M. Breton recherche l'idéal du genre qu'il représente, il n'est ni classique ni romantique, il rejette toute fausse candeur, toute élégance de mauvais aloi, toute arrière-pensée de madrigal, et sanctifie l'humble simplicité rustique des paysans, dont il fait les prêtres des travaux champêtres, comme il fait du paysage un sanctuaire. Aussi, la beauté de l'âge tendre et naïf et celle de l'âge mûr respirent sous sa main un parfum primitif, l'honneur des vieux temps. Telle est l'impression produite en nous par ses *Faneuses*.

Une journée laborieuse va se clore, et le crépuscule se lève avec ses mystérieuses langueurs sur une plaine tout à l'heure ruisselante de lumière. L'horizon s'estompe dans une pourpre éthérée et dispose à la rêverie. Les faneuses ont suspendu leurs travaux; au bruit succède le silence, et la force de l'homme semble expirer avec le soleil. Au second plan, une mère assise sur l'herbe se donne à l'enfant qu'elle allaite; harassée de fatigue, elle ne semble forte que par le cœur et regarde son enfant avec tendresse. A ses côtés reposent deux jeunes filles dont l'une vient de s'assoupir. Au premier plan, dans le centre du tableau, deux autres jeunes filles regardent cette scène et en sont touchées. D'une beauté remarquable, dignes d'être les prêtresses rustiques de l'antique Cybèle, elles s'appuient sur leurs râteaux ; le haut du corps émerge de l'ombre, et les derniers rayons du soleil semblent leur donner le baiser d'adieu. Trois autres enfin, placées à droite, recueillent et rangent différents ustensiles. Dans ce tableau, la lumière chante, les ombres sont calmes, mais savamment meublées par le zénith qui pèse sur elles, la technique est aimable, le dessin correct, enfin l'aspect noble et poétique.

La *Lecture* de M. Breton est une création moindre que la première, néanmoins aussi charmante que délicate. Une bonne villageoise, pure, recueillie et capable, à qui saint Grégoire de Nysse aurait dit : « Tu es belle, mon amie, belle comme la vertu, » fait la lecture de l'Evangile à son père. Elle se présente de côté au spectateur, et son profil d'une finesse exquise s'élève en clair sur le fond d'une modeste chambre, où couve dans une grande cheminée un petit feu à moitié éteint sous la cendre. Elle est coiffée d'un foulard, un corsage bleu dessine sa taille, deux manches blanches semblables à des campanules s'en échappent et descendent au coude ; enfin, une robe brunâtre à carreaux complète cette toilette d'une soigneuse simplicité. Cette recherche semble être l'image de son âme, préparée à une fête que la cloche va bientôt tinter. Le père, en veste, culotte et bas bleus, écoute d'une manière admirable; néanmoins c'est lui qui est la partie faible du tableau, car sa vieillesse manque de dignité et frise la caricature.

Dans un genre secondaire, M. Breton a fait avec ses *Faneuses* une œuvre de premier ordre. Nous acceptons son tableau comme un effort sérieux tendant au renouvellement de la forme. En effet, il a envisagé la nature comme personne, et de manière à nous faire comprendre la beauté rustique dans son acception la plus simple, noble et familière tout à la fois, sans employer des moyens accessoires de séduction. Le peintre a satisfait ensuite à toutes les conditions essentielles de l'art, à l'expression, à la technique, etc.; partout il se montre supérieur. On aurait donc pu lui accorder avec justice la médaille d'honneur. Mais, tout en trouvant bon d'accorder quelquefois à une heureuse tentative, même dans un genre secondaire, la récompense suprême en vue d'un progrès possible, nous nous demandons s'il n'aurait pas été plus opportun d'encourager la peinture d'histoire, qui se perd tous les jours. Enfin, quel que soit le mérite de cette œuvre, on ne peut se dissimuler qu'aux yeux des siècles à venir le tableau de M. Breton, comparé à celui de M. Delaunay, sera ce qu'est l'admirable et classique familiarité de Mme de Sévigné au sublime de Corneille.

M. Corot enfin était avec ses paysages le quatrième et le plus redoutable concurrent. On prétend qu'il ne lui a manqué qu'une voix pour emporter sur tous les autres la médaille d'honneur.

Or, en analysant ses tableaux, nous restons médusés et confondus, et nous serions curieux de savoir par quel principe on pourrait soutenir une semblable tentative. C'en serait fait de l'art si de pareilles spéculations, qui durent depuis plus de vingt-cinq ans sans transformation, par conséquent sans effort comme sans étude, avec des réticences et des lacunes pour résultat, pouvaient primer des œuvres à peu près complètes sous tous les rapports. Comment les préférer à ces ouvrages dans lesquels la science unie au génie respire la fièvre de la création, où l'artiste semble émietter sa vie et s'offrir en holocauste pour son art?

Mais voyons le tableau qui a fait tant d'effet sur le jury? C'est une broussaille bien connue, pulvérisée contre le ciel et se profilant sur lui à droite du tableau, avec un ton chocolat et gris-bleu qui se reflète dans une eau bourbeuse. Le fond est un paysage insignifiant, fuyant toujours dans les mêmes tons par affaiblissement, mais non par la qualité éthérée de la véritable perspective aérienne. Le ciel, qu'on est convenu d'appeler fin, est sali plutôt que modelé ; la broussaille décrite plus haut lui fait repoussoir. On appelle cela cette année *Souvenir des environs du lac de Nemi*.

Il y a dans le public une secte dont les membres se drapent en Athéniens, se privent de leur propre jugement par une série de raffinements conventionnels, n'ont point de conviction, et ne se forment de l'art qu'une idée maniaque et superstitieuse. Ce sont les gobe-mouches de toutes les excentricités à l'ordre du jour. Ils passent et font tous de la main le même signe sur le tableau de M. Corot, comme s'ils appartenaient à une franc-maçonnerie spéciale, et, endoctrinés de longue date par une coterie, ils prononcent ces paroles, devenues sacramentelles : « C'est la nature poétique. »

Nous soutenons tout d'abord que cette œuvre ne représente point la nature, ensuite que son altération, qui éclate dans la forme comme dans la couleur, nous affecte péniblement. Personne n'est porté plus que nous à donner une grande extension à l'interprétation de la nature ; en paysage surtout cette liberté est nécessaire. Chacun sait combien l'artiste est impuissant à reproduire tout ce qu'il voit ; il est donc obligé de concréter la nature en valeurs simples, et ce n'est qu'en élaguant beaucoup qu'il peut établir ses plans et subordonner ses valeurs à l'unité, qui est le principe de l'effet et de l'harmonie. Il est vrai de dire aussi que la grande ombre comme la grande lumière peut céler des détails, puis enfin le sentiment a ses droits sur la matière, et sans lui il serait oiseux de chercher l'interprétation de la nature. Mais le goût peut-il consentir à ce mépris magistral de rendre les choses dont M. Corot nous offre le spectacle bizarre, à cet escamotage de tout dessin, qui détruit le signe de la nature? Et pourquoi? Pour lui substituer une faible convention souvent arbitraire, et parfois contre les règles mathématiques de la lumière.

L'artiste se préoccupe d'une impression, mais manque de la science nécessaire pour concilier l'esprit avec la forme. Il s'ensuit que le corps du paysage devient un fantôme, et l'impression un cauchemar, mais non point un rêve et moins encore une réalité poétique.

Ne voyez-vous pas ce frémissement des branches, me dira-t-on? il me semble les voir trembler dans l'air. — Oui, je vois là une aspiration vers un effet que nous avons vu souvent dans la nature. Cet effet tient ici à deux causes : la première, qu'après avoir établi ses valeurs, l'artiste les fait dissoudre et les rend indéterminées; la seconde, qu'en donnant une vague ébauche de ses conceptions, il recueille le bénéfice des choses non terminées en faisant collaborer avec lui l'esprit du spectateur. Mais, dût-il y avoir quelque mérite dans cette tactique, est-ce bien là le sujet d'une si grande admiration, le *nec plus ultrà* de la poésie? La technique n'y perd-elle pas autant d'un côté que le sentiment peut gagner de l'autre?

Passe encore si cette œuvre produisait une émotion esthétique sur mon âme; on pourrait encore pardonner au défaut de technique comme à l'absence du dessin. Que de fois ne voyons-nous pas se développer par la couleur et sortir d'une ébauche informe, un parfum de la nature qui nous enivre, de sorte que nos yeux troublés se ferment volontiers sur la science en défaut. Mais, juste Ciel! sur quelle autorité est fondée cette couleur, et puisque dans la nature elle n'a jamais frappé mes sens, comment mon esprit pourrait-il s'en contenter? Je vais jusqu'au bout et j'accepterais même une couleur prise en dehors de la vérité comme une pure abstraction artistique. Mais alors même je me plaindrais encore de la qualité plombée, grise et voilée de ton, qui m'oppresse, qui, sous le vernis le plus brillant, reste à l'état embu, et je lui préférerais le simple fusain.

Quand il nous est arrivé d'opposer aux admirateurs de M. Corot un grave argument contre lui, celui de ne pas être accepté par les peintres étrangers les plus distingués, mais vivant en dehors des influences parisiennes, on nous a souvent répondu par un déni de compétence. Or, ceci est tout bonnement absurde. Les arts ont leurs principes éternels et universels; c'est pourquoi les Duprez, les Marilhat, les Troyon, etc., sont partout admirés de nos jours et le seront toujours. Il n'est même pas nécessaire d'être artiste pour avoir le droit de juger jusqu'à un certain point ; car le goût de l'artiste dans sa pureté ne peut être autre chose que le goût naturel rendu plus délicat par l'exercice de l'observation ; c'est ce goût naturel qui constitue plus tard la base des maximes du grand maître, et il n'est point d'école capable de prescrire contre la conscience naturelle. Mais en revanche il est sage aux artistes de discerner certaines variantes et certains caractères du goût, pour les subordonner, s'il y a lieu, au sens commun, qui est quelque chose de plus sûr; car il y a un goût acquis, un goût vrai, comme un goût faux, un goût factice, etc., pour ne pas nommer les plus mauvais, tandis qu'il n'y a qu'un sens commun qui a fait les règles invariables de l'art. C'est lui seul qui peut sanctionner les plaisirs de l'opinion.

Si nous reportons maintenant les yeux vers l'influence exercée sur l'école française par l'immense quantité de toiles que M. Corot a lancées dans le domaine public, nous trouvons les avantages de sa propagande trop contrebalancés. En effet, si le paysage historique a gagné en souplesse sur celui du commencement du siècle, et si le paysage nage davantage dans l'atmosphère, la couleur commence à souffrir aussi bien que le dessin. Le beau sentiment de la nature qui, naguère, à la suite des Duprez, Flers, Marilhat, Troyon, Français, Rousseau, etc., a élevé le paysage au-dessus de toutes les gloires artistiques de l'Europe moderne, commence à pâlir. On travaille plus de pratique devant la nature, on veut matérialiser l'esprit par des procédés, le prétendu sentiment devient le fou de la maison, auquel toute anarchie d'exécution est permise, la couleur devient maussade, souvent fausse, et elle est envisagée, comme la forme, sous un point de vue unique ; en un mot, une routine d'une nouvelle espèce est imminente, et le paysage expéditif est à l'ordre du jour.

Il y a encore à l'exposition de beaux et consciencieux paysages, qu'on aurait pu ballotter de préférence pour la médaille d'honneur ; il est à regretter qu'au moment où la foi dans les principes de l'art faiblit, le jury s'emploie si merveilleusement à désorienter le public. Le prestige dont il vient d'entourer un peintre, du reste fort honorable, n'a d'équivalent dans toute l'Europe que ce respect cérémonieux avec lequel l'Angleterre artistique se courbe devant certains fantômes.

M. Puvis de Chavanne vient de compléter par une grande toile décorative de cinquante-quatre pieds, séparée en deux tableaux, un travail de longue haleine qu'il a entrepris pour le musée d'Amiens. Une porte monumentale découpée au milieu de la toile divise l'œuvre en deux, puis dans les coins sont percées deux autres plus petites, donnant une idée exacte de l'emplacement que doit occuper cette décoration. Un encadrement dans le style des loges de Raphaël, composé de fruits et de fleurs, règne autour de la toile, qui dans sa partie supérieure porte l'inscription suivante : *Ave, Picardia nutrix.*

Nous donnons la préférence au tableau placé à gauche de la porte. Ici la Picardie ramenée à l'âge d'or nous représente une idylle antique dans toute sa naïve simplicité. Une cuve occupe le centre du tableau, elle est surmontée d'une figure nue, ceinte de pampres, versant une corbeille de fruits délectables qu'une vierge aux fraîches pensées et demi-drapée vient de lui apporter. Une seconde figure, admirablement rhythmée, hisse déjà sa cueillette, tandis qu'une troisième, agenouillée, attend son tour. Un peu à droite de la cuve, une femme entièrement drapée en blanc et d'une simplicité homérique enlève de la tête d'un petit enfant trop entreprenant une corbeille prête à chavirer par la pesanteur des fruits. L'aïeul, appuyé sur un bâton, le regarde avec une complaisance que partage sa compagne aux yeux attendris, au profil de Sybille filant sa quenouille. A droite, au premier plan enfin, une femme richement dotée par la nature allaite un enfant et en soutient un autre plongé dans un sommeil bienfaisant. Au second plan se développent d'autres scènes : à gauche un bouvier sorti des bucoliques de Virgile aiguillonne deux bœufs ; plus loin quatre hercules aux teints bronzés, dont les membres sont pleins du suc généreux des palestres, comme dirait Apulée, poussent avec effort les leviers d'un pressoir primitif ; à côté, des maçons construisent un édifice, et un berger accoudé semble réfléchir aux luttes poétiques des couplets alternés de la veille, plutôt que garder ses moutons. Il forme le complément de cette exposition, à laquelle un paysage simple d'un gris lumineux sert de mise en scène.

Au-dessus de la porte monumentale dont nous parlions tout à l'heure, le ciel se continue, et, en le suivant, nous aboutissons au zénith du second tableau. Là, quatre grandes figures importantes, entremêlées d'autant d'enfants, garnissent le coin gauche. Nous avons devant nous une femme demi-nue, noble comme un antique, occupant le centre du groupe et levant un filet avec un mouvement solennel. Plus à droite se trouve une figure drapée en jaune aidant la première. Tout à fait au premier plan, une jeune fille au profil charmant, assise et drapée depuis la ceinture, carde de la filasse qui a le tort de trop ressembler à ses cheveux. Les autres figures, disposées avec intelligence, concourent au complément harmonique du groupe. A droite du tableau, trois baigneuses d'un goût épuré se préoccupent de l'approche de deux pêcheurs ; l'une d'elles, qui se fait un voile de ses cheveux, est surtout remarquable par la grâce mêlée d'un sentiment de pudeur. Au fond du tableau, des charpentiers construisant un pont se dessinent sur un fond de nuage brûlé à blanc par le soleil, et s'enlèvent avec des silhouettes heureuses, mais d'un ton uniforme ; on dirait des ombres du Léthé aspirant à revenir à la vie. Enfin, un paysage blond et tendre se brouille dans la brume et dans le ciel, qui reflète une eau d'une charmante limpidité.

Certes, il y a dans ces pages des qualités transcendantes. M. Puvis de Chavanne possède l'instinct du simple qui agrandit et non qui énerve, l'amour de la beauté sincèrement chaste, l'eurythmée ou l'heureuse harmonie des différentes parties de l'œuvre prise dans son ensemble, un style, enfin, solennel sans enflure. Nul autre n'a le sentiment de la peinture historique et de la décoration aussi développé que lui, et cependant ses œuvres sont de second ordre. Platon aurait dit : « Il a l'opinion juste, mais non la science exacte de son art. » En effet, si partout les meilleures tendances se manifestent, et si l'élan vers le sublime est visible, sous le rapport technique on ne trouve pas, dans cette œuvre, un seul morceau d'une exécution pleinement satisfaisante. Puis le dessin, souvent incorrect, ne consiste que dans les lignes extérieures ; quant à celui qui dépend du modelé, il est très compromis.

La critique de nos jours invente volontiers des théories spécieuses pour flatter les artistes ; on ne saurait surtout trop se mettre en garde contre celles qui dispensent du savoir. Que M. Puvis de Chavanne tourne donc la tête et regarde ce génie qui vole sur la surface de l'onde et conduit les dauphins, dans le *Triomphe de Galathée*. Cette magnifique copie, exécutée sur faïence par les frères Balze, d'après la fresque de la Farnésine, lui dira que le pinceau doit tenir quelque chose de l'ébauchoir. Mais si le modelé de M. Puvis de Chavanne n'est pas encore suffisant, nous pouvons sincèrement le féliciter de son progrès sous le rapport de la couleur, et nous espérons le voir complétement sortir de ces tons voilés, gris, plombés, en un mot conventionnels, qui lui ont valu tant de compliments.

On professe parmi nous un système suivant lequel on emploie des couleurs toutes conventionnelles et surtout passées pour la décoration. Les chefs-d'œuvre confiés à la muraille par le pinceau de Michel-Ange et de Raphaël ont contribué à justifier cette opinion, en dissimulant par leurs qualités transcendantes la pénurie des ressources. Le prestige du talent une fois étendu sur le moyen pratique, on a trouvé très beau, depuis que le décor se fait plus souvent sur toile, de paralyser les moyens supérieurs de la peinture à l'huile, et d'accommoder celle-ci à la faiblesse de la peinture à l'eau. La justification de l'impuissance des fresques a conduit enfin la logique, pourrait-on le croire? à nier la vérité de toute couleur, et à faire de cette négation une doctrine, plutôt que de conclure contre le côté défectueux des fresques.

Dans l'antiquité on a abandonné la fresque quand on s'est familiarisé avec l'encaustique, peinture à base de cire et de résine, que la science nous montre comme plus solide mais de la même apparence que l'huile. Ainsi, depuis Pamphile, la fresque fut très rare chez les Grecs, et la belle époque décorative de Lysippe, Aristide, Apelles, Pausias, Nicias, Protogène, etc., s'est interprétée à l'encaustique. La peinture à fresque appliquée aux monuments ne reparut qu'à la décadence et ne reprit une complète faveur que dans le IX° siècle. Cet abandon de la fresque avait plusieurs causes: la difficulté de l'exécution, le peu de ressources qu'elle offrait pour le perfectionnement de l'œuvre, la célérité obligée, qui déplait à Vitruve comme nuisant à l'art et à la pureté du goût. Puis enfin une raison matérielle, consistant dans l'altération des couleurs par la chaux de l'enduit qui les reçoit; aussi Pline préfère-t-il la peinture à l'encaustique et dit positivement qu'elle est plus belle.

Une fois en possession des moyens de coloration, les anciens se sont préoccupés de rivaliser avec la nature; ne craignant ni couleur ni relief dans le décor, non-seulement ils n'éteignaient point leurs figures, mais encore ils appliquaient parfois sur la muraille des bas-reliefs qu'ils coloraient vivement, et, pour leur donner plus d'éclat, ils ajoutaient un fond de pourpre, comme aurait pu faire Rubens, puis gardaient leurs couleurs transparentes afin d'aider l'éclat de leur peinture par une substance capable de la rehausser. Nous avons vu par nous-même plusieurs échantillons d'une peinture antique de ce genre, dont l'un est au Louvre.

Mais si les anciens usaient de couleurs vives et riantes, ils avaient aussi des convictions trop saines pour ne pas accorder la prééminence à l'architecture qu'ils devaient orner. Pour arriver à ce résultat, dit Quintilien, ils simplifiaient leurs compositions, puis laissaient à la surface un aspect solide, maintenaient par la savante subdivision des panneaux l'harmonie de l'architecture, et accommodaient l'échelle de leurs figures à celle du monument. Voilà où ils plaçaient leur modération.

Aujourd'hui, la préoccupation de la plupart des peintres est d'attirer les yeux par tous les moyens, d'écraser l'architecture qui leur donne l'hospitalité, et non de la vêtir pour l'orner, mais de s'en vêtir pour en faire un cadre. Ce ton de couleur mangée par la chaux n'est donc point un effet de sobriété ; c'est un prestige cherché en dehors de l'art dans la partie laide des belles choses.

Nous repoussons cette théorie contre la couleur comme aussi ridicule que celle dirigée contre le dessin, et nous conseillerons aux artistes de rester fidèles dans leurs spéculations à l'impression sincère de la nature. Elle donne des ressources infinies, des gammes de tons aussi variées qu'inépuisables. La convention en décoration ne mène qu'au bizarre, dont l'idéal devient successivement un tapis turc ou flamand, une tenture perse ou de la chinoiserie. La convention est partout un symptôme de décadence et un synonyme de la corruption. Chaque fois qu'elle s'établit, on voit dans l'histoire de l'art le génie entreprendre une odyssée déplorable, où son esprit, tout en se cherchant, se fuit lui-même. Mais les modes passent, les préjugés s'évanouissent, et la vérité, toujours la même, surnage seule. Le goût doit donc tendre à l'impérissable.

L'année dernière, M. Moreau nous a proposé une énigme à résoudre avec son Œdipe et le Sphinx. Cette année, il semble vouloir nous donner deux charades.

Dans un de ses tableaux, nous voyons deux figures debout l'une derrière l'autre, à côté d'une colonne. Ces deux figures sont d'une beauté tout idéale, d'une forme un peu alanguie ; on dirait ces dieux dont parle Lucien, qui, dans l'Olympe, n'ont droit qu'à l'odeur des sacrifices. La première figure semble être celle d'un héros ; son corps est entre la chair et l'ivoire, sans doute comme dans le pays d'où l'on ne revient plus, mais le dessin en est magnifique, digne du siècle de Périclès, cependant avec des fautes voulues qui sentent le pédantisme naïf de l'école de Padoue du temps de la renaissance. Une draperie étroite et jaune ceint les hanches et tombe d'un côté ; on la dirait exécutée en or et au repoussé par un orfévre égyptien, car elle sent la matière rebelle à se laisser chiffonner. Une guirlande émaillée et ciselée en argent l'accompagne. Notre héros tient de la main droite des palmes d'or qu'il vient triomphalement d'arracher à la colonne, et de l'autre une épée à manche d'ivoire. Le bras gauche est enroulé dans une étoffe blanche dont le style est trop raffiné pour lui permettre, en côtoyant la jambe, de tomber selon la loi naturelle de la gravitation. Au bas du tableau gît un aigle blanc aux ailes déployées et percé d'une flèche, sur lequel repose un pied du héros. La colonne dont nous parlions tout à l'heure est surmontée d'une tête de bélier, garnie de joyaux, incrustée de médaillons et enroulée d'une banderolle portant les vers suivants :

> .... Et auro
> Heros Æsonius potitur ; spolioque superbus,
> Muneris auctorem secum, spolia altera, portans.

Ces vers d'Ovide nous mettent enfin sur la trace du sujet. Nous apercevons dans le fond du tableau la queue d'un monstre ; dès lors l'allure tortueuse du symbolisme allégorique s'explique, et nous devinons enfin que nous sommes en face de Jason et de Médée.

La reine aux yeux de saphir, à la tête athénienne, la belle sorcière à la toison d'or, est derrière Jason ; elle a une main posée sur son épaule et tient de l'autre un flacon sans doute plein d'enchantements ; son regard fascinateur est celui d'un être supérieur, son expression fine et pénétrante ; elle possède des secrets que le héros n'a pas et nous le fait voir. Jason, en pleine action, semble subir son influence ; elle suit en lui l'évolution de la pensée en même temps que, par un retour sur elle-même, elle évolue la loi qu'elle dicte. Cette scène est accompagnée d'un paysage fantastique, composé d'un frottis sombre de mille couleurs savamment amenées aux tons neutres et que parsèment des oiseaux imaginaires.

Le tableau de Jason est une œuvre subtile et laborieuse, d'une science artistique de premier ordre, à laquelle l'érudition ne fait que du tort. Il y a, en effet, dans cette peinture des artifices et des affectations archéologiques impatientantes, inventées pour faire des dupes dans un certain monde lettré. Mais si M. Moreau recueille le bénéfice de leurs suffrages, en revanche il devient antipathique au public, qui juge la peinture au point de vue étroit du jour et n'est pas capable de séparer de la partie conventionnelle la grande valeur fondamentale. Aussi est-il très discuté. Depuis l'année dernière, M. Moreau a apporté une modification sensible à sa manière : sa couleur s'est éclaircie, et de Mantégna, qu'il serrait de près en le ciselant, il s'est tourné du côté de Léonard, dont il fait un peu dégénérer la douceur en mollesse.

Le jeune homme et la mort resterait un tableau incompris sans le livret portant cette explication : *A la mémoire de Théodore Chassériau*. Cet artiste, d'un très grand talent, fut enlevé il y a quelques années par une mort prématurée. Disciple d'Ingres, il avait adopté sa religion et sacrifiait au grand art, à l'ombre de Phidias et de Raphaël ; plus tard, il transporta son culte sur les rives du Bosphore et les côtes barbaresques, et, restant fidèle à ses principes, il éleva les sujets orientaux qu'il a traités à la hauteur des créations classiques. Mais la muse classique est terrible et, comme Saturne, dévore ses enfants. Les exigences de cet art ne laissaient point de trêve à l'esprit délicat de Chassériau, et ses efforts devaient bientôt engloutir ses forces. Le moment suprême est enfin arrivé ; tout jeune encore, il est mort à la peine, mais, plus heureux que tant d'autres, déjà à l'heure de la gloire, laissant en héritage des chefs-d'œuvre à la postérité.

Il faut savoir cela pour comprendre quel est ce jeune homme charmant, aux yeux inspirés, revêtu de la dignité du nu olympique, ceint d'une écharpe légère, se couronnant d'une main et tenant de l'autre des fleurs dont la terre est déjà jonchée à ses pieds. La mort est derrière lui, sous la figure d'une vierge somnolente drapée de blanc, couronnée de fleurs et de fruits, tenant un glaive et un sablier. Un génie aux ailes diaprées souffle à droite un flambeau, et la couleur de ses plumes relève la douce harmonie des tons par une note sensible, comme l'a fait Mantégna dans le tableau de la Vierge du Louvre en suspendant un buisson de corail devant son trône.

Rien de plus admirable que cette tête ardente, digne de Léonard, si ce n'est le torse, qui est un magnifique morceau de peinture. La vierge endormie est moins de notre goût ; nous la préférerions plus redoutable et surtout mieux exécutée ; enfin ces oiseaux fantastiques de toute couleur nous paraissent de mauvais augure.

Si l'on peut reprocher le manque de clarté aux sujets de M. Moreau, en revanche l'ombre même de toute vulgarité en est bannie. Cette forme idéale planant au-dessus de toute sensualité, et dont il nous découvre parfois le sens élevé, suppose des qualités supérieures et toujours fort rares. Mais il est à craindre qu'une partie des grandes aptitudes de cet artiste ne devienne le danger le plus redoutable au développement ultérieur de son talent, que son idéalisme ne finisse par lui faire envisager le signe d'une manière détournée, allégorique et complétement abstraite, là où il devrait simplement présenter au goût et à la raison un objet idéal.

La roche tarpéienne limite de toute part le grand art ; si, d'un côté, il n'est pas permis à l'artiste d'abandonner la tradition sous peine de tomber dans l'enfance de l'art ou dans le vulgaire, de l'autre, quand il la suit de trop près, l'idéal est menacé à chaque instant de se perdre dans un mysticisme matériel. L'artiste, ne pouvant donc ni suivre ni abandonner la tradition, est obligé de rivaliser avec elle ; ne pouvant l'égaler, condamné à vouloir lui être supérieur. La source de la véritable création comme de tout perfectionnement doit être l'âme et la nature. Quand l'intelligence s'exerce uniquement sur la tradition (l'histoire nous l'a prouvé), l'art se replie bientôt sur lui-même, se subtilise en se mécanisant, l'artiste renonce alors à son rôle de poëte et se fait homme de lettres; bientôt la science du style est poussée jusqu'au raffinement, et l'art se perd en devenant une prétention injustifiable et une manie superstitieuse.

MM. Bin et Duveau, deux élèves distingués de Léon Coignet, bravant l'impopularité et mieux encore les redoutables difficultés de la grande peinture, nous interprètent chacun à sa manière *Persée délivrant Andromède.*

M. Bin a visé haut et a prouvé son aptitude pour le style héroïque. Son Persée, aux pieds et au casque ailés, fondant sur le monstre, est un morceau de peinture digne de la grande renaissance. On le dirait envolé d'une fresque de Michel-Ange, tant ses raccourcis sont savants, ses reliefs vigoureux et son aspect magistral. Son Andromède est également bien peinte, mais elle est critiquable sous plus d'un rapport : elle sent trop le modèle incomplet dans sa forme et ne donne pas l'idée d'une beauté à rivaliser avec les néréides, et moins encore de la noble splendeur d'une fille de roi élevée au ciel pour former une constellation. Puis l'artiste l'a représentée dans son plus grand paroxysme de peur. Or, l'art historique peut nous mettre sous les yeux la grandeur de l'homme souffrant, mais sa faiblesse jamais, car c'est une laideur. Telle est l'opinion des anciens : la créature humaine vaincue dans son âme était un scandale pour eux; aussi les artistes ont-ils toujours choisi les moments qui précédaient ou suivaient les crises violentes, conservant à la raison un noble empire. C'est ainsi qu'en sondant les principes moraux on trouve toujours les règles du goût. Persée est aussi attaquable pour sa couleur plombée, la mer manquée au premier plan, le bleu du ciel que le plafond seul d'un édifice pourrait souffrir. Enfin la ligne géométrique de la composition est en dehors des préoccupations de l'artiste.

M. Duveau compose plus savamment; son œuvre est une page décorative agréable, sans donner l'idée d'un maitre comme le tableau précédent. Ici, Persée a déjà vaincu le monstre envoyé par Neptune; il monte le Pégase et porte la tête de la Gorgone attachée sous l'aile de son cheval. Sans descendre de sa monture, il dénoue la chaîne qui tient captifs les bras de la blanche Andromède, dont la tête renversée en arrière respire un parfum de bonheur et dont les yeux contemplent son libérateur avec tendresse. Deux néréides réconciliées avec leur rivale sont à côté du rocher où se passe la scène : une d'elles fait un signe d'allégresse aux tritons, océanides, sirènes, relégués au fond du tableau, et aux nymphes montées sur des dauphins. Tous fendent avec rapidité les ondes azurées, et bientôt leur joie va éclater en délire. Au premier plan gît le monstre hors de combat : c'est un de ces grands sauriens connus de nous par les fossiles, et dont la reconstruction offre un ensemble logique qui manque complétement à l'invention arbitraire du monstre de M. Bin. Le paysage du fond est simple et intéressant. En somme, ce tableau est d'un beau sentiment pittoresque, il est fait pour récréer les yeux, mais il est trop théâtral, et par conséquent dépasse les convenances naturelles, ce qui blesse l'émotion esthétique. La couleur est un peu grise et a le malheur de trop rappeler le décor à la colle.

M. Baudry est de ceux que le public recherche avec le plus de plaisir, et depuis sa célèbre Vénus, exposée il y a deux ans, sa réputation est établie. Cette année, son principal tableau est une Diane. La déesse s'apprête à entrer dans une source pure, lieu mystérieux ombragé par un rocher ; l'Amour vient la lutiner avec malice, mais la chaste sœur d'Apollon s'indigne et veut le frapper. D'un air superbe, elle saisit un javelot, lève le bras de manière à faire tomber une ombre sur sa figure, et, avec un mouvement en arrière comme d'un revers de main, elle brandit son arme. L'Amour fuit à tire d'ailes ; il lance des regards acerbes et laisse tomber des flèches retrouvées plus tard par Endymion. Enfin un lévrier se désaltère aux pieds de la déesse.

Le talent de M. Baudry se ressent du monde hanté par son esprit ; Léonard de Vinci, Corrége, Giorgione, sont ses familiers, Rosso et Primatice surtout semblent l'avoir conseillé cette année. Mais les a-t-il bien écoutés ? Le mouvement de la déesse est admirablement trouvé ; son corps légèrement arqué est disposé à se tendre tout à coup en même temps que le bras, pour augmenter la force du coup. La tête et le cou sont d'une élégance charmante, le torse d'une grande souplesse. Par malheur, les emmanchements n'ont pas réussi ; puis les jambes, manquées comme proportion et dessin, présentent des lignes trop cahotées pour être antiques. Or, manquer les jambes d'une Diane, c'est une énormité contre la foi des païens, car, d'après Hésiode, réputé une autorité religieuse parmi eux, tous les dieux devaient être honorés pour une beauté particulière qui leur servait ensuite d'épithète ; ainsi on disait : Mars aux reins vigoureux, Muses aux tresses d'or, Grâces aux joues brillantes, la fraîche Hébé, Trissogène aux yeux bleus, Proserpine aux beaux bras, et Diane aux belles jambes, etc. Pour en revenir au tableau, les rochers ne s'enlèvent pas non plus avec une valeur exacte sur le ciel ; quant au coloris, il tient le milieu entre la peinture à l'huile et la fresque, et présente cet aspect prestigieux et fin qu'on appelle vulgairement distingué. En tout, malgré ses défauts, ce tableau a un air de grand maître.

Le portrait d'un jeune homme sur un fond vert est plus à l'abri de la critique ; le maître a gagné ici au contact de la nature ; de plus, il a su donner à la figure une personnalité qui l'élève à la dignité du style.

M. Faure a fait une Vénus dans le goût des figures anglaises du dernier siècle, plus longues que nature et légèrement maniérées. Elle est debout, appuyée sur la jambe droite, ce qui lui fait sortir la hanche de ce côté ; un pigeon repose sur sa main gauche, et sa main droite retient un Amour prêt à se lancer sur l'oiseau. Un char antique et une draperie rouge au bas du tableau complètent la composition.

M. Faure possède une exécution superbe, et son Eve de l'année dernière a éveillé l'attention de toute la presse. Sa Vénus, bien que plus ferme de modelé, ne la vaut pas, car non-seulement son type est à peine joli, mais encore le ton de la peinture est d'un rouge que ne justifient ni le ciel ni la draperie dont j'ai parlé. Aussi la déesse a-t-elle l'air de sortir d'un bain de sirop de groseilles. Malgré les grandes qualités de l'exécution et même du dessin au point de vue de l'artiste, on dirait une vignette destinée à *illustrer* un roman, suivant l'expression du jour.

Le portrait de Mme la vicomtesse de M... donne une idée supérieure du talent de M. Faure. C'est celui d'une jeune femme vêtue d'une robe de moire grise, qu'un mantelet de dentelle noire décore d'une manière très pittoresque. Indépendamment d'une expression sympathique de physionomie et de quelque chose d'intime qui dénote la grande ressemblance, ce portrait est encore traité de main de maître, avec autant de vérité que de finesse de ton.

M. Hébert aime à considérer la beauté sous un point de vue maladif, et l'émotion esthétique chez lui est une peine. Ses figures ont une langueur rêveuse et mélancolique ; on dirait des âmes soupirant après des horizons plus heureux, affectées de la nostalgie d'un autre ciel. Tel est encore le caractère de la figure que l'auteur nous représente sous le nom de *Perle noire*. C'est une jeune fille brune, mais belle, de race pure des Abruzzes, d'un aspect tout à la fois délicat et sauvage, placée dans un massif de verdure qu'un seul rayon pénètre en tombant sur la poitrine. Quant à la tête, l'ombre en a fait sa proie en lui donnant un air de nuit bronzé par le reflet du feuillage. Deux yeux étranges percent cette ombre avec une aspiration douloureuse.

L'artiste a su intéresser le public par la beauté de la figure jointe à l'ex-

pression de la souffrance. C'est un secret philosophique et comme un des mystères de la science esthétique. Emeric David dit à ce sujet: « La beauté donne à la douleur une éloquence irrésistible; un bel homme, une belle femme, qui souffrent, nous semblent devoir ébranler la nature entière. »
M. Hébert profite déjà depuis longtemps du bénéfice de ce moyen; il est à regretter qu'il ne s'en soit jamais servi que pour intéresser les sens. Sous le point de vue de la technique, son œuvre est inférieure à lui-même, et surtout empreinte d'une grande mollesse.

M. Hébert nous a envoyé encore un petit paysage représentant un *banc de pierre;* c'est un sujet assurément bien simple, néanmoins la poésie et le talent qu'il a su y mettre lui ont valu un succès peu ordinaire.

Qui n'a vu dans un parc un banc délaissé à l'ombre des arbres? Les branches se sont déjà abaissées sur lui, la mousse le couvre, on dirait la nature en travail pour le dérober aux yeux profanes. Or, ce banc a eu ses beaux jours, il vit un aïeul environné de nombreux rejetons pareils à l'arbre qui ombrage ce lieu. Garçons, filles de tout âge, jeunes couples l'entouraient et s'ébattaient au soleil comme la lumière qui ruisselle dans ces branches. C'était un lieu de réunion, de jeux, comme de doux entretiens. Depuis, le monde se fait vieux, le ciel s'est assombri; plus d'une fois, la mort, le mariage ou le couvent, ont conspiré contre le banc de pierre; un jour, enfin, le sentier s'est détourné de lui! Depuis, les yeux ne le découvrent que l'hiver, quand la feuille est tombée morte à ses pieds; on dirait, alors, voir un autel en ruine ou une tombe.

Voilà le banc que j'aperçois dans le tableau de M. Hébert; mais cette œuvre est si saisissante, faite avec tant de cœur, de vérité et de talent, que chacun peut y voir son propre banc, et tous les paysagistes peuvent y recevoir une leçon d'un peintre d'histoire.

Un singulier tableau me tombe sous les yeux; il caractérise en charge la tendance de quelques artistes qui, désireux d'atteindre au style, sont uniquement occupés à retrancher de leurs œuvres la nature. Ceux-là finissent par avoir une idée vertigineuse du beau; on dirait que l'idéal pour eux, c'est la stérilité, et la vie comme le sentiment n'a pas plus d'importance, à leurs yeux, que la mélodie de Richard Wagner dans l'opéra de *Tannhauser*. Le tableau dont nous voulons parler est un des plus ridicules de ce genre, aussi nous tairons le nom de l'artiste. Dans cette œuvre, nous voyons, pour la première fois, le Père éternel sans la moindre tunique, incarné en Hercule Farnèse; Adam et Eve ont dépouillé leur beauté en revêtant la forme de deux figures étrusques apauvries ; les animaux de la création se sont sauvés d'un vieux tableau allemand ; le paysage est enfin dérobé à Paul Bril, le tout exécuté avec une couleur conventionnelle. L'artiste devait être bien content de lui-même, mais que lui manque-t-il pour faire fortune parmi les Philistins ? Un peu plus de talent.

M. Lambron, auteur des *Croque-Morts,* fécond en *pétards* d'exposition, a voulu, cette année, nous en donner un d'un genre religieux. L'artiste s'est adressé au style byzantin germanisé par l'école de Cologne. Il a cloué en travers de son tableau un tapis vert sur lequel il a couché une Vierge qui, tout en étant couchée à la renverse et appuyée d'un de ses coudes sur le gazon, lève vers le ciel ses deux mains jointes. Un enfant Jésus dont le torse forme une énorme poire, est assis sur une draperie blanche, tenant à la main un chardonneret ; autour de cette scène sont rangés en couronne des animaux de toute sorte, depuis le corbeau jusqu'au chevreuil : on dirait des joujoux de Nuremberg placés par une main d'enfant. La couleur est toute de fantaisie, mais le dessin correct, quoique bizarre. Le peintre a tout fait pour donner à son œuvre le bénéfice d'un style religieux. Dans certaines parties il attrape un peu d'archaïsme, dans d'autres il rencontre la niaiserie, plus loin il se donne beaucoup de peine pour paraître ignorant ; seules, la portée morale, la vertu et la philosophie du vieux temps lui ont échappé. La Vierge, bien que byzantine dans la pose, conserve encore dans son expression quelque chose de cet idéal qui a fait refuser, dit-on, sa *Vénus au rat blanc,* comme blessant certaines susceptibilités pudiques ! Aussi serions-nous tenté de donner à M. Lambron le conseil que Charles Nodier adressait à l'auteur des *Messéniennes :* « Mon cher Casimir, quand vous voudrez rimer, conduisez d'abord votre muse à la messe. » Là, on est renseigné au juste sur les retouches à faire pour arriver au véritable style chrétien.

Combien M. Timbal a été mieux inspiré dans sa *Présentation de la sainte Vierge au temple!* Ici tout est sincère et ému, la technique même s'en ressent, et du pinceau découle une peinture mélodieuse et aimable, comme, suivant Homère, la parole découlait plus douce que le miel des lèvres de Nestor. La candeur de la simplicité byzantine semble avoir touché le cœur du maître ; c'est en empruntant ce caractère qu'il a voulu s'exprimer ; mais, contrairement à M. Lambron, il s'est efforcé de dégager la vertu de la forme des faiblesses surannées du vieux temps. L'auteur nous montre un prêtre selon l'ordre de Melchisédech, assis sur un modeste siége en bois ; sa figure est affectueuse et vénérable, il semble avoir vieilli à l'ombre du temple, et lève une main habituée à bénir. La Vierge enfant est devant lui, fleur miraculeuse sortie de la tige de Jessé, qu'un délicieux parfum d'innocence semble envelopper comme un vêtement. Le peintre a su établir une convenance exquise entre ses moindres mouvements et son innocente pensée, tout en renfermant virtuellement en elle la future reine des anges ; enfin elle a cette beauté accomplie que Zénon appelait la fleur de la vertu. Sainte Elisabeth est derrière elle, et la présente avec une austère humilité; un beau vieillard soutenu par la main d'une femme, plusieurs filles pieuses, dont une à genoux à côté du prêtre, et deux assistants vêtus de blanc, complètent le tableau.

Cette œuvre semble être faite uniquement pour donner une enveloppe à autant de lois morales qu'il y a de figures dans le tableau, et si le peintre veut éblouir les yeux, c'est pour mieux parler à la conscience.

Maintenant, si nous abandonnions la voie du sentiment pour reprendre le rôle de juge, certes il y aurait quelques imperfections à relever. Plus d'un critique a blâmé la couleur mince et pâle ; nous trouvons cette couleur suffisante, car si elle est petite, elle n'est pas fausse, puis elle est analogue au caractère du dessin. La changer serait porter du trouble dans le sentiment, et l'action de la couleur neutraliserait la forme au lieu de l'aider. Nous conseillons donc à l'auteur de persévérer dans la voie où il est entré, mais de rechercher davantage le type de ses figures, car ses assistantes et deux de ses femmes sont trop du dix-huitième siècle pour échapper à l'anachronisme.

M. Ribot est à l'antipode du peintre dont nous venons de parler ; apparenté aux Espagnolet, Caravage, Herrera le Vieux, Valentin, Goya et Zurbaran, il a le tempérament le plus violent de l'école française, et semble avoir peint cette année avec un ébauchoir. Notre maître a pris pour sujet d'un de ses tableaux saint Sébastien, l'Apollon de l'art chrétien. Il nous le présente couché, la tête à gauche du tableau, le torse relevé, les genoux légèrement pliés. Deux femmes, très sacrifiées, au fond du tableau, semblent assister le martyr.

L'artiste n'est pas allé au delà du sentiment pittoresque, mais il a fait un morceau d'une surprenante exécution, qu'on dirait peint avec un scalpel, que dis-je ? disséqué avec un pinceau dans un amphithéâtre par un grand maître. Si l'anatomie est superbe, la chair aussi est magnifiquement modelée; elle offre, il est vrai, des ombres telles que les ramoneurs seuls peuvent en présenter; mais qui ne craindrait d'altérer la viande si l'on ôtait le charbon ? En tout, ce tableau est un des plus importants de l'exposition, un Zurbaran pour la couleur et le modelé, et un Valentin pour son maniérisme naturel. Il a cet avantage pour le critique, qu'après avoir admiré la peinture, il se trouve dispensé de toute écriture.

La *Répétition*, qui représente des musiciens ambulants, est également un tableau d'une supériorité incontestable sous le rapport du dessin et du maniement de la pâte. Un grand dépendeur d'andouilles tout déguenillé, coiffé d'un chapeau à plume, racle une guitare; un autre escogriffe souffle dans un instrument, deux misérables enfin tambourinent et cognent des cymbales. Le peintre a visé au grotesque, et a exécuté son tableau comme un maître d'escrime ferait une parade avec son fleuret.

La *Réception des ambassadeurs siamois* au palais de Fontainebleau, par M. Gérôme, fait un effet considérable; on se presse pour la voir comme une curiosité, on prend la chose même trop gaiment, et l'histoire semble toute prête à passer dans la mascarade.

Qu'on s'imagine une énorme salamandre, bête fantastique de toutes les couleurs, vue de flanc, et on aura une idée de l'aspect général de l'ambassade. Son Exc. Phaja-Siphipat forme la tête du monstre et offre des présents. Derrière lui sont agenouillés deux à deux quatorze Siamois, la plupart appuyés sur les coudes, et rampant, dans cette position impossible, vers le trône où sont assis l'empereur et l'impératrice, qui gardent un sérieux bienveillant. L'étrange reptile se détache au fond de la salle sur un groupe de gens de cour, rangés en haie, en commençant par le duc de Bassano, le maréchal Magnan, le général Rolin, le comte Bacciochi, le prince de la Moskowa, etc., et finissant par les peintres Jadin, Meissonnier avec l'auteur du tableau. Derrière le trône se tiennent, enfin, les dames de la cour. Dans le fond on entrevoit les fresques du Primatice dans un demi-jour harmonieux. Sur les marches du trône sont rangés les plus beaux bric-à-brac de l'extrême Orient, sentant la chimère et l'opium, luxe raffiné et barbare tout à la fois; des parasols d'honneur, des étoffes brochées d'or et capricieusement chamarrées, un siége fulgurant de métal précieux et de soie, une bijouterie digne des contes des *Mille et une nuits*, etc.; en somme, des objets qui dénotent des intelligences inférieures.

En effet, il y a deux causes de beauté qui sépareront toujours l'art des peuples barbares et celui des nations civilisées. Chez celles-ci l'art résidera dans l'ordre, la simplicité et l'unité, qualités de beauté qui touchent le cœur et la raison. Chez les autres, l'artiste, incapable de s'adresser ni au cœur ni à la raison, considère la beauté au point de vue de la richesse; impuissant à exercer un charme sur l'âme, il ne pense qu'à étonner.

On retrouve dans ce tableau quelques-unes des rares qualités de M. Gérôme; sa concentration, sa délicatesse d'exécution, sa flexibilité extrême à saisir les caractères pittoresques ou, si l'on veut, exotiques des peuples, et enfin sa correction de dessin. Néanmoins, ce n'est pas un de ses bons tableaux. Si les Siamois ont un relief et une vérité à mettre la main dessus comme sur des magots sculptés, en revanche l'impératrice et ses dames d'honneur surtout sont bien effacées et faibles sous tous les les rapports; puis la précision de la facture a dégénéré en sécheresse dans certaines parties, et va jusqu'à donner un aspect de porcelaine au tableau; enfin la composition n'a rien que de très banal.

M. Gérôme avait besoin de se relever, et il a grandement réussi dans son tableau intitulé *la Prière*. Il nous conduit sur la terrasse du Caire, d'où nous voyons des centaines de minarets s'élancer solennels dans l'ombre du crépuscule, et tout un peuple en prière. L'horizon se colore déjà des dernières lueurs du soleil, l'azur verdit au contact de l'or, et la nature dans sa douceur majestueuse aspire au repos. Devançant les autres mondes, la lune a déjà allumé son flambeau mince et argenté, tandis que l'ombre s'efforce de vaincre sur quelques points culminants les derniers rayons du soleil. L'océan des âges va engloutir un jour de plus; c'est l'heure où l'âme, inquiète, fait un retour sur elle-même, se recueille, s'agrandit, voit plus profond, devine mieux Celui qui a peuplé l'infini, sent qu'on ne saurait jeter une ancre solide sur les flots mobiles du temps, et lance instinctivement ses soupirs dans la profondeur du firmament; enfin, c'est l'heure où le sage cherche à s'orienter vers le grand idéal.

C'est le sentiment que M. Gérôme nous inspire et le spectacle qu'il nous donne, et avec son grand talent, il intéresse nos yeux comme notre cœur. Le muezzin est déjà monté sur le balcon du minaret, et il nous semble l'entendre chanter avec une voix tantôt gutturale, tantôt nasillarde, *la gloire d'Allah*, *l'éternel*, *le solitaire*, *l'unique*. Nous voyons l'islam sur sa terrasse, tourné du côté de la Mecque, prier sur un tapis avec différentes et solennelles attitudes. Un croyant drapé en jaune, penchant sa tête vers la terre, est surtout remarquable par sa sublime expression. Les corps sont dans un rapport tellement exact avec l'âme, qu'en sondant ces figures, l'esprit se croit autorisé à lire dans la conscience de chacune d'elles et à l'évaluer comme la sienne.

Nul n'a mieux observé les règles du clair obscur et de l'harmonie que M. Gérôme dans cette admirable page. Le foyer de sa lumière étant donné, il se conforme géométriquement aux règles d'incidence et de réflexion que la nature prescrit comme de droit aux rayons tombés sur différents points. Dans cette page, toute couleur locale est subordonnée, non-seulement à la lumière principale, mais encore à l'influence du zénith, à la puissance d'un ton voisin, comme à une savante dégradation due à la perspective aérienne. Ainsi rien n'est isolé, tout donne et tout reçoit; on dirait voir la nature, dans cette expansion d'un amour réglé dont parle Platon, faisant régner la concorde entre les éléments les plus ennemis. Aussi cet enchaînement de tous les objets dans un accord harmonieux charme les yeux comme une symphonie pourrait délecter l'ouïe.

M. Matejko, élève de l'école des beaux-arts de Cracovie, vient pour la première fois sur la scène parisienne, où il se présente avec un tableau d'histoire, et prend rang parmi les peintres du premier ordre. L'artiste nous fait assister à une assemblée de la diète tenue en 1592, dans la cathédrale de Cracovie. Là nous voyons à droite du tableau, Skarga, jésuite au visage ascétique, aux yeux flamboyants, tout fulminant d'éloquence, plaider selon toute apparence la justice de la cause du roi Sigismond III contre l'usurpateur de la couronne de Suède. Ses gestes sont empreints de cette fièvre de patriotisme qui enfante parmi les Polonais des héros dignes de la légende. Le roi, assis dans un vaste siége, vis-à-vis de lui, l'écoute d'un air préoccupé et attend avec anxiété les résolutions de la diète, dont il espère des secours. Il est vêtu d'un pourpoint noir, la tête couverte d'une toque ornée de perles et surmontée d'une aigrette, le cou entouré d'une large collerette en dentelles; en tout, plus semblable à un Suédois qu'à un Polonais. A la gauche du roi, se tient debout un des plus grands héros et un des plus distingués écrivains de la Pologne, Jean Zamoïski, le vainqueur de Maximilien d'Autriche. Il s'appuie sur un bâton, marque de sa dignité de connétable. Son costume est tout chamarré, son attitude noble comme celle d'un portrait de Van Dyck. Le légat du pape, tout en rouge, se profile sur un groupe sacrifié par le peintre, et qui entoure Skarga; à gauche du tableau on aperçoit l'archimandrite de Kiew et un archevêque; autour du connétable se tiennent, avec des attitudes et des expressions diverses, le grand maréchal Zebridowski, les ambassadeurs de Suède et d'Autriche, puis de nombreux gentilshommes et *castellans*. Enfin, au fond du tableau, on voit la reine Anne de Jagellon et la belle princesse Ostrog.

Tous les personnages sont des portraits et résument admirablement la position, l'humeur, les mœurs, en un mot le corps et l'âme des individus tels qu'ils se sont montrés sur le terrain historique. Quand on sonde attentivement les sentiments dont cette assemblée est agitée, qu'on voit ces indignations superbes mêlées aux passivités somnolentes, ces exaltations en sens inverse en face d'ambassadeurs pleins d'astuce, on n'a pas besoin de comprendre le polonais de Skarga, le tableau est suffisamment intelligible et fait même pressentir le dénoûment de l'histoire.

Le tableau de M. Matejko renferme un bagage artistique important. L'auteur semble avoir fait son éducation dans l'école de Flandre, et nous rappelle plus particulièrement Gallait joint à Van Dyck, puis il possède quelque chose du talent mélodramatique de Paul Delaroche, auquel il est supérieur. Son exécution est d'une effrayante habileté, et ses détails rivalisent avec les meilleurs morceaux que nous connaissions, enfin le dessin est chez lui d'une parfaite rigidité. Sa couleur est très savante; cependant l'auteur, en recherchant le bénéfice de la transparence, est entraîné plus qu'il ne conviendrait dans des tons laqueux qu'il renforce de noir; cela lui donne par la superposition des gris une teinte générale de violet, seul défaut que nous ayons à lui reprocher.

M. Giacomotti est un adorateur de la belle nature et penche vers la mythologie. Cette année il a voulu nous montrer une maîtresse pièce de la création, et il a choisi la scène de l'*Enlèvement d'Emymoné*, une des cinquante Danaïdes victimes de Neptune. La fille du roi d'Argos, providence de l'aride Argolide, pour laquelle elle obtint du dieu le royaume des ondes, vogue debout sur le dos d'un triton qui de sa bouche lance un jet d'eau. Un autre triton la soutient de ses bras vigoureux. Par suite d'un caprice de Borée et de la maladresse d'un triton, son vêtement est prêt à la quitter. Mais Emymoné le saisit à deux mains sur l'épaule en jetant un cri d'effroi plein d'un sentiment de pudeur. Ce mouvement lui fait lever les deux coudes à droite et à la hauteur de la tête, qui, penchée en sens opposé, équilibre admirablement la figure et balance la ligne avec grâce. La draperie tombe en arrière, ce qui a permis de détacher la figure entièrement sur elle; l'artiste en a profité pour nous montrer dans une gamme claire les ressources de sa palette.

Il n'y a dans cette figure nul pédantisme, nulle ostentation archaïque, rien non plus de trop moderne qui rabaisserait au niveau d'une scène familière la représentation d'un sujet épique. Emymoné est une fille de la race de Tyndare, aux lignes savantes, aux extrémités choisies, aux lèvres faites pour remporter le prix de Mégare et de Philiosie, pleine de vie avec un incarnat irradié par la beauté du diable. Cette figure, dans son genre, est une des mieux réussies de l'exposition. Une science reste à apprendre à l'artiste, celle de séparer d'une main délicate le païen du classique.

S'il est vrai que le portrait soit le brevet du peintre d'histoire, M. Giacomotti doit avoir le sien depuis l'année dernière; mais cette année il s'est encore surpassé en faisant celui de Mme de R.-L., et il prend, décidément, un rang parmi nos meilleurs peintres de portraits. Cette figure, vêtue d'une robe violette avec un corsage blanc, est aussi gracieusement agencée que largement exécutée. La physionomie est vive, spirituelle, alerte, les mains sont pleines de grâce et venues sans recherche ; elles doivent à cette circonstance une finesse digne des meilleurs portraits de l'école anglaise du dernier siècle.

Puisque nous sommes en train de signaler la peinture bien faite, il faut nous hâter de mentionner la *Jeune Fille endormie* de M. J.-J. Lefébure. Cette figure, couchée sur un sopha de velours rouge, vue de dos et entièrement nue, n'a que la valeur d'une étude, mais elle s'impose par sa très grande valeur artistique ; c'est peut-être le morceau de peinture de toute l'exposition dont le mérite est le plus universellement reconnu. En effet, le dessin de cette étude est correct et élégant ; la couleur, saisie dans la pleine lumière, est aussi vraie que riche ; le modelé, exécuté dans une pâte franche, est souple et ferme tout à la fois.

L'autre tableau de J.-J. Lefébure s'impose moins au connaisseur, cependant c'est encore un tableau de genre très distingué. Qui ne connaît le couvent de San Benedetto, près de Subiaco, traité par Granet et tant d'autres. M. Lefébure nous introduit, à son tour, dans ce lieu aimé de Dieu et des arts, où il nous fait voir une pauvre famille de paysans romains priant devant le Sacro Speco pour un enfant malade. Ce tableau est fait avec une rare émotion ; de plus, l'exécution est d'une grande délicatesse.

La *Chaste Suzanne* de M. Henner, comme l'académie de M. Lefébure, est une œuvre digne d'un élève de Rome ; néanmoins ce n'est pas un tableau biblique. Privée du style historique qui réside dans le sentiment de la beauté idéale, cette figure devient une simple baigneuse. La chaste Suzanne, appuyée de la main gauche sur la margelle du bassin, descend dans l'eau, où plongent déjà ses pieds. Le haut de son corps flexible, gracieusement penché, ainsi que la tête, se dessine sur un fond de verdure habilement sacrifié, où l'on découvre avec effroi la tête des vieillards.

Cette figure n'est pas tout à fait irréprochable de dessin, et si la ligne est d'une grande suavité, en revanche l'anatomie de l'épaule est faible et ne souffrirait pas la sculpture. Les lumières sont superbes ; quant à l'ombre, elle est un peu forte, mais très habilement traitée. Les accessoires du tableau ont été universellement remarqués : il y a là des draperies de différentes couleurs, des fleurs, une cassette, etc., qui dénotent une rare habileté et une entente exceptionnelle de l'harmonie.

Il serait superflu de donner une longue analyse du talent de M. Meissonnier : il tient toujours avec force et honneur le sceptre d'un petit genre dans lequel il a su se rendre célèbre et où sa supériorité éclate surtout par la manière dont il l'emporte sur ses rivaux les plus distingués. S'il affectionne les proportions réduites, il sait donner de la grandeur et de l'importance à son œuvre par les qualités artistiques les plus rares. S'il est précis, exact et patient, l'allure de son esprit est large, et son exécution aussi ample que condensée. De plus, nul autre ne sait mieux faire refléter l'âme sur le visage, et après avoir observé profondément, nul autre ne sait mieux captiver son public par le charme de l'observation. Voilà le Meissonnier de 1865 et son public. Aussi faut-il s'armer de patience et ne pas craindre d'être coudoyé en approchant ses tableaux.

L'artiste nous montre dans une de ses œuvres lilliputiennes les terribles suites de la passion du jeu. Deux gentilshommes, soudards du temps de Louis XIII, sont étendus aux deux extrémités d'une salle, au milieu de meubles renversés et de cartes répandues ; l'un d'eux, au fond du tableau, est déjà mort ; l'autre, au premier plan, gravement blessé, ne tardera pas à expirer. Il porte sa main sur la plaie et appuie sa tête sur une chaise en cuir de Cordoue. A côté de lui gît sa dague et se trouve, comme un symbole, la carte des deux épées d'un jeu de tarot. On pourrait faire à ce tableau le reproche d'être exagéré comme perspective linéaire, et peut-être de souligner un peu trop le sens de toute chose.

Dans l'autre tableau, l'artiste a représenté son fils assis en robe de chambre sur le coin d'une chaise en velours d'Utrecht, penché sur une table et suivant avec une grande préoccupation l'effet de l'eau-forte sur une plaque de cuivre. Un châssis en papier huilé d'une transparence merveilleuse, des flacons, différents ustensiles disposés sur la table et interprétés avec une irréprochable et surprenante habileté, une fenêtre enfin, qui fait croire à un trou dans la muraille du palais de l'industrie, complètent ce petit chef-d'œuvre.

Le fils de M. Meissonnier marche sur les traces de son père, comme celui de M. Daubigny ; on serait tenté de croire qu'il y a une recette dans les arts, tant ils se ressemblent, sans être encore au même niveau. Si le père a représenté son fils, celui-ci a voulu à son tour rendre la pareille à son père, et nous compléter l'aspect d'un intérieur studieux où le public pénètre avec des yeux sympathiques.

M. Bouguereau a un des talents les plus complets de l'école française ; il dessine correctement, et sa palette est d'une finesse extrême. Sa méprise est à l'antipode des défauts les plus ordinaires de ses contemporains, et la grande envie de bien faire donne parfois, même à sa peinture la plus grassement exécutée, un aspect trop neuf et un air froid. C'est le défaut qu'on peut reprocher à sa *Famille indigente*. Ce ta-

6

bleau est composé d'une pauvre femme tenant ses trois enfants embrassés à la porte d'une église, où l'on voit cette inscription affichée sur une colonne : *Sermon de charité*. Un individu passe et dit : « Ces figures sont propres comme des mendiants anglais. » On ne peut mieux caractériser ce groupe ; aussi votons-nous au maître un four pour rissoler la pâte de son tableau.

Le portrait de Mme B., par le même auteur, appartient aussi à la catégorie des plus beaux portraits de l'exposition. Il a de l'ampleur et du caractère, la tête est modelée dans une gamme charmante, avec beaucoup de science, les bras et les épaules sont dignes du bronze : on dirait celles d'une matrone romaine. Le reproche sérieux qu'on pourrait faire à l'artiste, c'est le costume banal de son portrait, puis un certain luxe d'exécution, dégénéré en recherche trop minutieuse dans les accessoires, surtout dans un châle glissé des épaules à la taille.

M. Alma Tadema nous fait assister à l'histoire tragique de la mort de Prétextat, racontée par Grégoire de Tours. L'évêque, rapporté mourant de l'église où, le jour de Pâques, pendant le premier verset de l'office du matin, il a reçu le coup de couteau d'un meurtrier, vient d'être déposé sur son lit de pierre. La reine Frédégonde, accourue à la nouvelle du meurtre, est en face du prélat, ceinte d'une couronne ; ses yeux expriment le sourire d'un contentement diabolique ; elle joue avec ses longs cheveux tressés et vient de dire : « Il est triste pour nous, ô saint évêque, aussi bien que pour le reste de notre peuple, qu'un pareil malheur soit arrivé à ta personne vénérable. Plût à Dieu qu'on nous indiquât celui qui a osé commettre cette horrible action, afin qu'il fût puni d'un supplice proportionné à son crime. » L'évêque, représenté sur son séant, montre la reine du doigt ; son expression tonne d'anathème, et il semble dire : « Et qui a frappé ce coup, si ce n'est la main qui a tué des rois, qui a si souvent répandu le sang innocent et fait tant de maux dans le royaume ?..... Tu seras dans tous les siècles un objet d'exécration, et la justice divine vengera mon sang sur ta tête. » On voit parmi la suite de la reine les ducs Answold et Beppolen, puis d'autres guerriers barbares ayant un grand cachet de sincérité mérovingienne, comme si le peintre avait vécu à la cour du roi Chilpéric. Un moine qui assiste le moribond est particulièrement remarquable et semble s'être détaché d'un édifice roman pour jouer ici son rôle ; enfin, des meubles du temps complètent cette laborieuse recherche scientifique. Le tout est rigoureusement dessiné, modelé d'une manière ferme, mais dans un ton de pierre qui sent plus l'archéologue que l'artiste.

M. Bellet du Poisat nous montre à travers des lunettes jaunes et avec une couleur fiévreuse surexcitée par E. Delacroix, *les Hébreux conduits en captivité*. Trois femmes enchaînées expriment par leur posture différents sentiments et marchent au milieu du tableau. Des cavaliers dont l'accoutrement est couvert de quincailleries orientales foncent sur elles et les harcèlent d'un air farouche. Plus loin, des tubiscines lèvent haut leurs trompettes ornées de chiffons bariolés; viennent ensuite des captifs de différentes couleurs, marchant sous le fouet de leur conquérant, accablés à la fois par la pesanteur du joug et du butin. Tout hurle dans ce tableau, depuis la couleur jusqu'à la bête et l'homme; la draperie flotte et claque dans l'air, le désordre règne dans le dessin comme dans les esprits; enfin, les figures en général sont cyniques et toutes mélodramatiques. En masse, cette œuvre nous offre les plus grandes qualités artistiques, mais dans une débandade générale.

M. Gudin, un des peintres de marine les plus éminents, a voulu sans doute cette année faire la gageure de surpasser le célèbre Turner dans ses paroxysmes de couleur les plus frénétiques. Il devient en effet effrayant dans son tableau représentant l'arrivée de l'empereur Napoléon III à Gênes, tant son talent touche ici à la folie. Le corps de la nature n'est rien, la lumière est tout, semble se dire l'artiste; la peindre, abstraction faite des objets sur lesquels elle rayonne, voilà ma tâche. Mais, à force de la fixer, son regard est devenu malade; en effet, nous voyons l'artiste saisir la nature sous le coup de cette impression où les yeux, troublés par la contemplation prolongée de la grande lumière, ne voient un instant qu'objets dénaturés flottant dans un complet éblouissement; on dirait un faux prisme lumineux. La mer et le ciel sont une fournaise chauffée à blanc, où vaisseaux et barques papillottent avec des milliers de figures au milieu d'un chaos sans nom. Dans cette démonstration nationale dont l'artiste a voulu nous exprimer tout le délire, bras, jambes et têtes courent tout rôtis après les corps dont ils sont censés faire partie, ou les fuient sous le coup d'un enthousiasme qui fait souffrir le dessin des plus monstrueuses incorrections.

Dans cette œuvre, où l'art est livré partout aux tentatives artistiques les plus hasardeuses, le génie se manifeste parfois à côté de la déraison; mais, si l'on y voit une combinaison fantasque singulièrement réussie, que de présomptueuses ambitions sont, plus loin, étrangement déçues! En somme, chez l'artiste, la passion fait dérailler le mouvement créateur; son effort va presque toujours jusqu'à l'impuissance des moyens; son tempérament devient sa faiblesse, et le peintre détruit l'art dans le plein exercice de sa force. Aussi son tableau est affligeant à voir et fait pour orner un salon de refusés plutôt qu'un palais destiné à toutes les gloires de la France.

Il y a dans la vie intellectuelle des périodes pendant lesquelles il est impossible de se fier au goût ; on le voit se pervertir à force d'excès, et, semblable au goût physique émoussé, devenir insensible aux plaisirs vrais et simples ; une torpeur générale règne alors dans les esprits, et les nausées deviennent le point de départ de toutes les réformes. Sur le terrain artistique, on forge alors des principes nouveaux pour le besoin du temps, et on croit avoir amélioré l'art en l'accommodant à l'épuisement ou à la dépravation du moment. On roule sur la pente de la décadence, et on se félicite du progrès. Une étincelle sortie de loin en loin de la chute même et du désordre réveille par surprise les esprits engourdis, et c'est au nom d'un feu follet qu'on insulte la lumière du jour, au nom d'une maladie la santé, au nom d'un caprice artistique passager ce que l'art a de plus immuable comme de plus absolu et ce que la nature a de plus constant.

Mettez-vous avec votre simple bon sens devant les tableaux dont nous vous avons donné deux échantillons, et écoutez les fanatiques. Jamais le vague des mots ne sera mieux adapté au service d'idées malades, et tout ce qui semble vouloir éclairer n'aura jamais produit plus d'ombre.

Quand vous demanderez grâce pour la vérité, on vous répondra : Le génie a besoin de l'indépendance, la vérité étouffe le feu sacré, et on décidera que l'artiste a eu raison de ne pas s'être laissé gêner par les limites d'une reproduction exacte.

Si vous avez le malheur de vous choquer du manque de dessin, vous entendrez dire que l'auteur a dix fois l'intelligence nécessaire pour surpasser toutes les combinaisons académiques, qu'il possède un coup de pinceau généralisateur, que la nature elle-même se livre à des débordements, et qu'emporté par la liberté sans frein des émotions naturelles, le dessin doit être bouleversé. Bientôt on vous apostrophera : Il ne sait pas dessiner ! vous dira-t-on ; quelle énormité ! Dites plutôt qu'il ne dessine pas comme les autres !

Si vous montrez une face à peine reconnaissable pour être celle d'un être humain, on vous parlera de haut, on sera même capable de devenir spiritualiste. On vous a condamné naguère pour vos doctrines nuageuses, aujourd'hui on dédaignera la matière elle-même ; on affirmera par de bonnes raisons philosophiques que la peinture avant tout est l'art de produire l'illusion dans l'esprit du spectateur, que le contenu donne la capacité du contenant et sa juste mesure ; on fera consister la doctrine artistique tout entière dans l'expression, le mouvement, la valeur du membre, et on abandonnera tous vos scrupules à la patience des esprits subalternes.

Vous voilà donc devant un chef-d'œuvre où il n'y a ni vérité de couleur, ni dessin, et bien inférieur en expression à la plupart de nos caricatures.

A la vérité, vous distinguerez à travers la frénésie de la couleur un tempérament que vous serez loin de mépriser ; mais, je vous le demande, au service de quelle force ? Celle qui rompt cou, bras et jambes, qui tyrannise tous les traits, culbute les formes indociles à se ranger promptement sous le caprice du coup de pinceau, violente un membre pour le repousser dans la lumière ou dans l'ombre, en un mot s'affranchit de la logique comme de toute science artistique.

Voilà où en est toute une école qui s'intitule coloriste.

Nous avons déjà parlé plus haut de la couleur à propos de la peinture décorative, et nous l'avons soutenue contre ses ennemis systématiques. En effet, la couleur doit contribuer à rehausser toutes les qualités, elle fait partie intégrante de l'art comme de la nature ; il serait donc insensé de se déclarer contre elle ; autant vaudrait se révolter contre la beauté des choses, et contre une des apparences de la gloire divine dont l'invisible est revêtu en ce monde.

Nous reconnaissons que le coloriste attaquant la masse préférablement à la ligne, sera entraîné à faire flotter cette dernière, la rendra plus ondoyante que le dessinateur ; nous concédons encore qu'il pourra même la céler parfois ; mais du moment où la couleur détruit le dessin, elle devient un luxe dépaysé, un scandale pour les esprits délicats, parce qu'elle attaque le sens de la création et anéantit le lien entre l'idée et la forme, cette forme qui, d'après M. Cousin, est le signe d'une beauté intérieure, le fond, le principe, l'unité du beau. Flandrin, en parlant de la forme, dit : « La physionomie, le caractère, le sens moral des choses, sont strictement de son domaine. N'est-ce pas par le dessin que s'exprime tout ce qu'il y a de plus noble dans l'art? » C'est l'opinion de tous les grands maîtres, de Léonard, selon qu'il le dit dans son *Traité sur la peinture*, celle de Poussin d'après Félibien, etc... De plus, l'histoire de la vicissitude des arts prouve le grand besoin de s'astreindre à un dessin correct, car par son absence l'art meurt, avec lui il ressuscite.

M. Amaury Duval est d'ordinaire un des néo-grecs qui transforment avec le plus de conviction la vérité moderne en grâce antique. Son pinceau est sincère, délicat, plein de tact et de mesure ; on dirait qu'en peignant il remplit les fonctions d'un culte, et dans son style il est simple, chaste et idéal comme on est dévot. Le scrupule le détourne des œuvres de longue haleine; en revanche, ses créations sont aussi ingénieuses que précieusement rendues. Tel était encore le caractère d'une *jeune fille*, exposée par le maître l'année dernière.

Mais, il faut le dire aujourd'hui, M. Amaury Duval, tout en arrachant une page de la fraîche idylle de Longus, est demeuré inférieur à lui-même. Le peintre a voulu nous faire voir Daphnis et Chloé au printemps de leur vie et à cette saison où les troupeaux bondissent sur les collines, où bêlent les agneaux nouveau-nés, où les abeilles bourdonnent dans les prés et où les oiseaux font résonner les buissons de leurs chants. Chloé est debout, ceinte d'une draperie que son bras gauche retient par les coins. Elle regarde d'un air rêveur une jeune couvée, pendant que Daphnis, assis sur un coin de rocher, fixe sur elle des regards attendris. Certes, il y avait là un sujet choisi dans les moyens de l'artiste, mais, hélas ! le dieu Pan l'a abandonné, et la nudité pastorale a perdu sa fleur attique ; de plus, l'exécution est devenue pénible.

M. Madarász nous représente des traits de l'histoire de Hongrie, fertile en sujets tragiques. Non-seulement il y développe un intérêt dramatique puissant, une grande valeur pittoresque et, chose rare, un caractère supérieur ; mais il joint à toutes ces qualités une science du clair-obscur des plus remarquables, puis l'exécution d'un maître consommé. Cette année il s'est éloigné de l'histoire, et son talent s'est refroidi. Son tableau, intitulé l'*Evocation*, où une femme se trouve en tête-à-tête avec un moine, est encore une page correcte, mais elle manque d'intérêt comme d'effet général.

Nous ne ferons que signaler en passant : la charmante et fière petite *Diane* de M. Em. Lévy, digne du Parmesan par son caractère et sa fermeté d'exécution ;

La *Mort de Léandre*, due au pinceau de M. Sellier. L'amant infortuné, jeté sur la plage, est très savamment coloré par un jour crépusculaire, dans lequel il semble se volatiliser, tant il participe de l'air qui l'environne ;

Le *Christ expirant* de M. Schopin, page mélodramatique, qu'on dirait faite à l'Opéra d'après la dernière scène du *Prophète*.

En fait de portraits, il nous reste à mentionner celui de notre vaillant peintre J. Gigoux, représentant M. Lefebvre-Duruflé, ancien ministre.

Ce portrait est d'une conception et d'une facture simple, digne d'un peintre d'histoire, et si la couleur est un peu pâle et, contre l'habitude du maître, la facture un peu hésitante, en revanche le caractère fait type : on dirait voir un homme d'Etat de l'école de Talleyrand.

Le portrait de M. Delvinck, par Robert Fleury, est une page puissamment modelée, colorée et vivante. Rien ne manque pour relever l'homme par l'expression, et les yeux comme le front rayonnent de tous les trésors de l'esprit ; rien de plus beau non plus et de mieux dessiné que la main intelligente et nerveuse du président du tribunal de commerce ; avec tout cela c'est un portrait sans style, faisant contraste avec celui de M. Gigoux, et loin de cette dignité magistrale dont Largillière a su grandir les hommes de robe.

Mme Henriette Browne retient le public devant son portrait de Mme L. en costume de dame de Saint-Cyr. Représentée debout, en trois quarts, avec un regard doux, fin et capable, elle manie avec grâce des deux mains un éventail fermé ; c'est un portrait d'une exécution ample et d'un grand éclat.

M. Jalabert, dans le portrait de Mlle B. G., n'a voulu saisir qu'un sentiment, celui du parfum de la beauté. Le peintre a donc tracé du pinceau le plus poétique et discret l'image d'une jeune fille blonde aux yeux bleus, que dis-je, d'une rose blanche dont la couleur approche de celle de notre corps. Sa tête, au profil pur et doucement penchée, s'enlève sur un ciel clair d'un bleu pâle et semble respirer la paix au sein de la pudeur. Enfin, sans parure, mais vêtue d'une gaze blanche, on dirait d'une vapeur légère : elle est toute éthérée et voilée par la lumière, comme les vierges du *Paradis* de Dante.

Un jeune artiste franc-comtois, M. Machard, a fait un portrait de femme et nous promet un grand avenir. Mme R. D. est debout, le corps vu de profil, tandis que la tête tournée vers l'épaule se présente presque en face au spectateur. Elle porte une robe en velours noir, garnie d'un flot de dentelles dans lesquelles sont noyés à demi de très beaux bras. Enfin tout l'effet concentré sur une figure solidement modelée, grandement conçue, avec de larges méplats, d'une belle puissance de couleur et d'un caractère à nous faire pressentir un peintre d'histoire de plus.

M. Tissot, comme M. Alma Tadema, appartient à l'école de Leys, il a son goût de terroir à part, et on trouve chez lui des témérités souvent peu ratifiées par la saine critique. Cette année, M. Tissot nous représente *le Printemps* sous la figure de deux jolies jeunes personnes, l'une en noir, l'autre en blanc, nonchalamment étendues dans l'herbe au bord d'un ruisseau, ayant devant elles une ligne sûrement bien amorcée et attendant une bonne capture. Une petite fille en tablier, n'ayant pas encore sa perche, les regarde avec convoitise, appuyée contre un arbre. Le paysage consiste en pommiers trop richement fleuris, entre les branches desquels on aperçoit un château dans le lointain. Dans cette peinture, la lumière est partout diffuse, la couleur criarde fait une suite de papillotages, irrite la rétine et rappelle les tableaux les plus agaçants de l'école préraphaélesque d'Angleterre. Aussi ni goujons ni public ne mordent à l'hameçon.

La *Tentative d'enlèvement* du même maître a des qualités plus sérieuses. Un amoureux soutient ici une lutte contre un homme dans son droit. Tous deux s'escriment et se pourfendent avec une ardente férocité sous un berceau qui ombrage une terrasse élevée, dominant les toits d'une ville hollandaise au caractère moyen âge. La belle, sujet de la lutte, habillée en robe noire, est appuyée à une balustrade à côté d'une potiche, et attend la fin du combat. Elle est sans émotion et nous rappelle ces femmes dont le P. Caussin, célèbre prédicateur, disait si plaisamment au dix-septième siècle : « Elles ne savent quasi ni bien ni mal, et ont pour tout ce qui les entoure un cœur d'autruche. » Il y a beaucoup de vérité dans ce tableau, malgré le visible effort d'un archaïsme hollandais dégénéré en naïveté un peu puérile. Les figures ont de la vie, la couleur est excellente; quant au ciel, il est remarquablement bien réussi.

Le talent de M. Lobrichon grandit à chaque exposition; rien de plus joli que la petite fille en pénitence tenant une poupée. C'est une charmante paresseuse, aux cheveux d'un blond idéal, un peu ébouriffés, aux joues empourprées de pleurs, aux yeux d'un bleu céleste qu'ombragent des sourcils contractés par le chagrin; elle est debout à côté d'un tabouret en paille sur lequel on a déposé sa pitance congrue, du pain et de l'eau; aussi les réflexions sont-elles amères. C'est une page faite avec un grand sentiment de la nature, peinte dans une gamme blonde, avec des ombres meublées par des reflets. L'autre tableau du même maître, intitulé *Misère*, est plus important comme composition, sans valoir le premier; néanmoins c'est encore l'œuvre d'un homme de talent.

La *Maison du pauvre*, par un Franc-Comtois, M Chapuis, dont le talent a fait également des progrès, est une œuvre émue et sympathique. Une mère harassée de fatigue vient s'asseoir à l'ombre d'une berge avec une petite gerbe laborieusement amassée; un petit garçon est à genoux à côté d'elle, et montre tout glorieux son contingent de travail. La mère, en signe de satisfaction, pose la main sur lui, tout en regardant ses deux filles qui rapportent d'un champ voisin les rares épis égarés par des moissonneurs. La berge dont nous parlions tout à l'heure jette dans l'ombre la moitié du tableau et distribue heureusement la lumière, dont la qualité est très bonne ; le dessin ne laisse également guère à désirer, et la ligne géométrique de la composition est heureuse. La critique a donc peu à reprendre dans ce tableau. Il suffirait de modifier quelques notes de couleurs dans les montagnes de l'horizon, pour les mettre d'accord avec l'harmonie générale, de subordonner un peu plus à la perspective aérienne la lumière qui éclaire la plus éloignée des deux jeunes filles, afin de ne pas la faire entrer en lutte avec sa compagne, puis de meubler un peu plus les ombres avec les reflets du zénith.

Le réalisme ne se montre pas seulement à l'exposition avec une doctrine dont le sens est facile à saisir dans les œuvres de ses adeptes, mais de plus il se présente comme une association avec cette arrogance qui veut faire secte. M. Fantin nous introduit dans une assemblée où les chefs de ce nouveau parti, au milieu desquels se trouve M. Manet, semblent jurer, le verre à la main, de rester fidèles à la Vérité. L'artiste nous montre cette divinité sous la forme d'une femme nue. Elle est du nombre de celles qui ne sont pas bonnes à montrer ; mais, pour ne pas donner le change, l'auteur a inscrit en grosses lettres le mot de *Vérité* en guise d'auréole autour de sa tête. Nous ne pouvons que louer l'artiste de cette précaution ; elle rassure les plus susceptibles sur le compte du cabaret. Mais a-t-il rendu service à la vérité par son œuvre ? C'est problématique. M. Fantin et la divinité ont lieu d'être mécontents l'un de l'autre ; car ce n'est précisément pas par la conscience que brille cette page médiocrement dessinée et d'une couleur où la convention tient une grande place. De plus, l'œuvre est si dépourvue d'atmosphère, que l'auteur, dont la figure est au premier plan, menace d'être écrasé contre le cadre par tous les assistants.

En face d'une école dont la prétention est de monopoliser la vérité et d'avoir révélé au monde un art nouveau, il ne sera point superflu de dire un mot sur la vérité dans les arts. En entendant parler le réalisme, on dirait que devant la nature un pygmée, par un minutieux labeur, voudrait user la patience d'un géant ; mais quelle est notre surprise en voyant leur école ! Ce n'est ni le pinceau, ni le couteau, c'est souvent la truelle elle-même en goguette, et jamais on n'a vu pareil cynisme d'exécution où le hasard joue un rôle aussi considérable. Nous ne nous attaquerons pas néanmoins à la manière : tous les moyens peuvent être bons s'ils reposent sur des principes féconds. Mais quels sont les principes du réalisme ? M. Proudhon nous l'insinue par une série de comparaisons : « Il coïncide, dit-il, avec la *Philosophie positive* d'Auguste Comte, la *Métaphysique positive* de Vacherot, le *Droit humain* ou *Justice immanente* de moi ;... la phrénologie de Gall et de Spurzheim, la physiognomonie de Lavater. »

Suivant nous, le réalisme est plus ancien que tout cela, car nous le croyons de tous les siècles comme système, et si l'on faisait tomber le masque derrière lequel il s'abrite, le monde, le reconnaissant sous son nom primitif, s'écrierait : C'est du matérialisme !

Voilà en effet tout ce qu'on peut accorder au réalisme, s'il veut être quelque chose. Ainsi sa vérité sérieusement poursuivie sera de l'imitation servile, et différera du spiritualisme, dont la vérité s'appellera par préférence l'interprétation. Mais voyons en peu de mots la différence entre ces deux manières de voir les vérités de la nature. L'imitation diffère de l'interprétation en ce que dans la première il y a moins d'esprit. Voilà en effet tout l'effort du matérialisme, dont l'art consiste à fermer les yeux sur le rapport métaphysique établi entre lui et la nature, et à créer, s'il était possible, une vérité matérielle uniquement par la voie d'un patient effort. Le spiritualiste est tout aussi convaincu de la vérité, objet de sa sollicitude et de ses recherches, mais chez lui elle a un sens plus général comme plus élevé, et tandis que le réaliste cherche à se confiner dans la vérité d'un calque, l'artiste spiritualiste voit avec son intelligence, au delà du regard, la région où se trouvent la règle, la mesure, la raison de la beauté. La vérité de la nature apportera donc à l'âme de cet artiste un élément qui réside en dehors de lui, la révélation d'une idée, et ce qu'il fera deviendra une interprétation.

En regardant de plus près, on voit clairement que l'imitation, dans l'acception rigoureuse du matérialisme, est un mot dépourvu de sens pratique. En effet, mettez devant un portrait dix artistes faisant profession de réalisme, vous obtiendrez autant de manières différentes d'imiter qu'il y aura de peintres; en revanche, proposez à un peintre dix portraits différents à faire, et l'imitation sera faite d'une manière uniforme. L'on voit combien est vaine et oiseuse cette prétention exclusive du positif, cette vérité dans son sens ordinaire, cette industrie voulant transporter trait pour trait la nature sur une toile.

Toute la diversité des arts, non-seulement d'une époque à l'autre, mais encore entre artistes sortant de la même école, en face de la nature qui ne change jamais, tient donc à la partie immatérielle de nous-même avec laquelle nous saisissons, à travers la matière, un autre objet immatériel, qui est l'esprit des choses. Voilà pourquoi la nature sera toujours, selon la définition de Schlegel « la force primitive et infinie d'une création et reproduction inépuisable. » Cette essence immatérielle, entrevue dans la nature, constitue la valeur de l'artiste d'après Diderot lui-même, qui s'écrie à ce propos, avec cette liberté de langage dont nous n'excusons pas la forme : « Eh, grosse bête ! est-ce que ton art n'est pas de la métaphysique ? »

Les modifications de l'art tiendront toujours à la manière de sentir la nature, et pour peu qu'on envisage les arts, l'action de l'âme deviendra palpable ; ainsi on reconnaîtra des affinités entre Platon et Phidias, comme plus tard entre saint Thomas d'Aquin, Dante et Giotto, puis Boucher et son siècle, etc. Aussi l'histoire de l'art sera-t-elle toujours l'histoire de l'esprit humain. D'où il s'ensuit que dans la création artistique, le dernier juge de la vérité sera l'âme, qui établit le rapport intellectuel entre elle et la matière. Et le jugement du critique consistera à évaluer dans sa conscience, au point de vue de l'immuable, la science et la loyauté de l'artiste dans l'interprétation.

Mais le réalisme ne constitue pas chez nous uniquement une doctrine négative sur le terrain de l'art, il vise encore à une fin indépendante des émotions du goût et même de la réalité. Si nous en jugeons non par son langage, mais par ses œuvres, son principe véritable est en résumé : d'opposer une minorité turbulente à la majorité de nos instincts, opprimant ainsi l'initiative morale par une excitation organique; de balancer l'enthousiasme par l'ironie ; d'enlever aux objets de la nature ce qu'ils peuvent renfermer d'essences idéales, de sens immatériel, de figures, de métaphores et de poésie. Pour mieux arriver à ce but, le réalisme rejette les types qui manifestent les pensées supérieures de l'âme ; enfin, sous prétexte d'indépendance et d'originalité, il isole l'art de toute tradition et de toute science, sauf à être libre comme ceux dont la besace est vide ; aussi en voyant chez les réalistes l'art tombé au plus bas degré, il faut s'en prendre moins à leur modèle qu'à leur génie.

M. Manet caractérise cette année le réalisme par excellence ; aussi son tableau vient d'obtenir un succès véritable : celui du scandale. L'auteur nous représente, sous le nom d'Olympia, une fille jeune couchée sur un lit, ayant pour tout vêtement un nœud de ruban dans les cheveux, et la main pour feuille de vigne. L'expression du visage est celle d'un être prématuré et vicieux; le corps, d'une couleur faisandée, rappelle l'horreur de la Morgue. Une hideuse négresse vêtue de rose tient à côté d'elle un bouquet d'une douteuse allégorie, tandis qu'un chat noir faisant le gros dos vient sur le drap imprimer avec ses pattes la trace non équivoque du lieu où il a marché.

Le public, abasourdi d'une pareille exhibition, ne savait si c'était une plaisanterie ou un défi porté à son adresse, et, pendant qu'on se pressait devant le tableau comme autour d'un dépendu, la risée publique et son grognement ont fait justice de l'œuvre. Seuls, quelques rares connaisseurs aux notions superfines de l'art aventuraient quelques louanges modérées !

Nous n'avons pas besoin de répéter que ce tableau est affreux ; laid, dirait le vulgaire, comme Satan ; laid, dirait la science, comme un désordre physique ; laid, dirait Socrate, car « la laideur n'est laideur que par sa dissonnance avec la divinité. »

A côté d'erreurs de tous genres et d'audacieuses incorrections, on trouve dans ce tableau un défaut considérable, devenu frappant dans les œuvres des réalistes. En effet, si la plupart de leurs tableaux affligent tant la nature et nos yeux, c'est que la partie harmonique qui tient aux rayonnements de la lumière et à l'atmosphère est pour ainsi dire complétement sacrifiée. A force d'éliminer le sentiment de l'âme, ou l'esprit de la chose, dans l'interprétation de la nature, les sensations des yeux ne leur donnent, comme aux Chinois, que la couleur locale nullement combinée avec l'air et le jour. On dirait du scepticisme physique.

Jésus insulté par M. Manet, je veux dire dû à son pinceau, est un tableau au-dessous de toute critique. C'est du Raphaël corrigé par un Courbet de troisième qualité, et sous le rapport immatériel c'est de la morale sans vertu comme on en forge de nos jours.

M. Courbet a représenté l'apothéose d'un sien ami, de Pierre-Joseph Proudhon, *né natif* du Doubs, et nous donne sa très exacte et véridique effigie, car on dirait voir une tête copiée sur une photographie de M. Reutlinger ; quant au corps, c'est différent. Le célèbre publiciste est assis sur son perron, entouré de paperasses, vêtu d'une blouse écrue ; il porte un doigt à la figure et médite à travers ses lunettes d'un air bonhomme et capable sur Dieu et la propriété. A côté de lui est un enfant qui verse l'eau d'une petite cruche dans un petit plat ; c'est la partie allégorique du tableau, destiné sans doute à montrer combien il découle peu de chose même de la plus haute raison. Dans le fond du tableau se trouve, je suppose, Mme Proudhon, occupée à coudre et à surveiller en bonne mère de famille le travail d'une petite fille. Ce groupe surtout est devenu l'innocente victime de l'hommage pieux rendu par le peintre à son compatriote. Mais ainsi l'a voulu la fatalité réaliste.

Rien de plus étrange et digne de compassion que de voir ce bon M. Proudhon empaillé par la main d'un ami, pour être conservé à la postérité. En effet, sondez ce corps; au lieu d'une charpente osseuse, vous ne trouverez que des étoupes. Quant aux autres figures, ce sont de véritables grotesques. Et qu'est devenue la couleur? Tout est parti par la porte du réalisme, jusqu'au sens des vérités matérielles. Il n'est resté qu'un ragoût sans sel. A force de vouloir faire progresser l'art par une série de négations, l'artiste l'a fait arriver, par le sentier de l'isolement, à l'enfance, — à l'enfance par décrépitude. Peut-on conserver des doutes sur la voie à suivre ? C'est impossible, car on aboutirait aux *Casseurs de pierres*, c'est-à-dire à la mise en pièces et morceaux de toute doctrine artistique, et finalement à *l'Enterrement d'Ornans*, qui est celui de la peinture. Une doctrine ne s'est jamais habillée de paillettes, et j'entends Platon s'écrier : « Eh quoi ! ne vois-tu pas quelle triste figure fait une opinion qui ne repose pas sur une science ? »

Le paysage de l'entrée de la vallée du *Puits-Noir* est aussi une œuvre fausse de ton et d'une crudité hors ligne, sans compensation aucune. C'est affreux à voir, et l'on se sent oppressé dans ce manque d'atmosphère. Les arbres du paysage ne sont pas peints, mais exécutés par un triste procédé, ayant le double résultat de détourner de l'idéal et de sortir de la nature. M. Courbet nous a montré, il y a quelques années, la vérité plus au fond du Puits-Noir; il est à regretter qu'il se soit arrêté en si beau chemin.

Avant tout, il faut qu'un tableau plaise et soit un objet d'art ; il nous serait donc difficile de concevoir un système dont la gloire consisterait à mal rendre une nature laide. Voilà cependant le vernis que certains artistes de l'école réaliste se sont trop efforcés, suivant nous, de se donner; il s'en faut donc de beaucoup que le mot *réalisme* soit devenu un éloge. Nous subissons nous-même l'expression, mais non sans faire des réserves sur son nouveau sens. Cette réserve, nous la faisons tout d'abord en faveur de M. Vollon. Certes, voilà un tableau représentant l'intérieur d'une cuisine dont la poésie ne tournera la tête à personne, mais l'honnête Margoton récurant un chaudron est faite avec un talent supérieur, digne d'un Chardin. C'est une figure à donner une leçon à un peintre d'histoire, et à extasier un artiste sachant évaluer au juste la valeur du dessin, de la couleur, du modelé et de toutes les ressources du métier. Le jury, ayant admiré aussi un mou de veau si bien pendu au croc, puis des casseroles et des marmites en parfait état, a accordé une médaille à cette bonne fille.

La *Charge d'artillerie* de la garde impériale à Traktir, en Crimée, exécutée par M. Schreier, est une des toiles qui ont fait le plus de sensation. Rien de plus saisissant, de plus vivant, rendu avec un plus grand scrupule de vérité et de tempérament; c'est de la réalité frappante. Un train d'artillerie attelé de six chevaux lancés à tombeau ouvert à travers les profondes inégalités d'un terrain défoncé, va s'arrêter tout à coup. Le porteur, une jambe prise dans les traits, tire déjà au renard, prêt à rouler; tandis que le cavalier, frappé à mort, lâche les rênes, chancelle et tombe, tout en s'accrochant instinctivement aux fontes de sa monture. A la suite du train, des artilleurs accourent ventre à terre, pliés sur leurs chevaux; un lieutenant jette un coup d'œil de compassion au malheureux soldat, tandis qu'à l'arrière-plan un officier se dresse sur ses étriers et commande en tenant le sabre haut. Il y a un élan très remarquable de *furia francese* dans le mouvement de conversion opéré par les chevaux de la volée : ils défalent avec des membres d'acier, leur peau se fronce, les muscles se soulèvent sous l'effort, et le battement des harnais change la sueur en écume. Des nuages de poussière et de poudre, sillonnés par des éclairs de coup de feu, rougissent l'atmosphère et estompent le fond dans un vague sinistre. Le bruit seul manque au tableau.

Si l'école française a ses réalistes, artistes ténébreux aussi mécontents de la nature qu'elle est mécontente d'eux, en revanche cette école a aussi ses précieux qui font les yeux en coulisse devant la nature, comme certaines beautés posent la bouche en cœur. Aussi s'établit-il entre ces artistes aux yeux doux et la création entière, une certaine relation de coquetterie avec une grâce affectée, dont la plume de Dorat et celle de M. le marquis de Saint-Aulaire, habile à tourner un quatrain, pourraient seules donner une idée juste; M. Chaplin est le roi de cette école.

> Mais de cet art charmant craignez la douce amorce,
> Il rit à l'œil trompé, qui n'en voit que l'écorce.

En effet, il est impossible de se faire l'idée d'une mélodie de couleur plus brillante, joyeuse et coquette, et si parfois l'antiquité, d'après Tacite, « chantait et dansait ses plaidoyers, » on aurait sans doute célébré certains tableaux de M. Chaplin par des bacchanales solennelles; sa palette est chargée de confitures bien sucrées, les laques sont représentées par les gelées les plus transparentes, le blanc est de la nacre amollie; il a enfin le secret de broyer toutes les fleurs d'un parterre, et ne fait ses glacis qu'avec des sirops. S'agit-il de traiter une figure, un bras ou une main, il attaquera son œuvre au point de vue de la pêche et du satin ; mais voudra-t-il peindre du satin, il imitera le brillant de l'éclair, etc. Ainsi il devient aussi charmant qu'invraisemblable, et ses figures seraient dignes de peupler cette île de sucre dont Fénelon donnait une description si séduisante à son royal élève.

Cette année M. Chaplin n'a pas eu le bon goût uniquement dans la bouche ; aussi nous a-t-il donné deux tableaux faits pour être admirés sans arrière-pensée et dignes d'une des quarante médailles.

Dans le *Château de cartes*, nous voyons une femme en robe à queue rayée où le bleu domine, avec une seconde jupe en satin blanc, une fraise autour du cou et une coiffure de bergère, le tout à la Vatteau. Elle oublie un instant son tricot rouge, qu'elle laisse tomber sur ses genoux, pour suivre avec intérêt le sort d'un château branlant construit par sa fille. Celle-ci, vêtue de rose, fait la moue, s'empourpre sous l'effort de la contention. La mère sourit avec bonté et prévoit la chute de l'édifice ; la petite fille croit dominer la situation. Le spectateur, ne sachant à quoi s'en tenir, est suspendu à leur émotion, son esprit balance et il oublie longtemps que l'histoire n'a pas de fin.

Le second tableau représente trois petites filles gentilles à croquer, faisant également la moue à qui mieux mieux, et absorbées dans leur jeu de loto avec des expressions variées et d'une naïveté innocente. Ces ouvrages sont exécutés de main de maître, les types n'ont rien de banal ni de fade, et Chardin aurait signé avec joie les tableaux du maître.

Un de nos compatriotes, M. Tony Faivre, qui l'année dernière a obtenu un succès signalé avec son *Colin-Maillard*, marche de pair avec M. Chaplin, tout en ayant un goût plus épuré. Cette année il expose un sujet d'une moindre importance, néanmoins très remarquable ; aussi a-t-il obtenu les honneurs du grand salon. Son tableau représente un vase de fleurs autour duquel un écureuil en goguette gambade d'un air malicieux. C'est un panneau décoratif où l'habileté ne le cède qu'à la grâce et au goût ; on dirait que le maître, en peignant des fleurs, s'est principalement attaché à rendre leurs parfums.

Les *Cinq Sens*, par M. Schlesinger, forment autant de sujets différents réunis dans un seul cadre. Les figures représentent des *novias* et *señoritas* brunes et blondes, pétries de lait et de rose, et chiffonnées en minois d'opéra comique. Leurs costumes sont pimpants, la passementerie brille, les bijoux étincellent, le velours rouge devient tison, et le satin jette des éclairs de tout côté.

Le *tact* est représenté par une espiègle tâtant le pouls à une jeune personne abandonnée nonchalamment dans un fauteuil, malade sous le poids du vague à l'âme.

Le *goût*, par deux charmants oisons espagnols titillant des glaces ; une de ces jeunes filles savoure avec une expression concentrée ; l'autre, débordée par le bon goût, éclate en extase.

L'*ouïe* est figurée par une ingénue en robe rose, se bouchant les oreilles et demandant grâce à une petite sottisière qui l'assourdit d'un flageolet.

L'*odorat*, par une brune Andalouse coiffée d'un chapeau de toréador et drapée d'un manteau, fumant un cigare d'un air décidé, tandis que sa délicate et blonde compagne, péniblement affectée de la fumée, respire un parfum dans un mouchoir.

La *vue*, enfin, s'offre à nous sous la figure de deux fillettes à l'air lutin. Une d'elles braque une lunette d'approche et paraît se réjouir en contemplant un objet, tandis que sa compagne attend son tour avec une curiosité surexcitée et prête à éclater en impatience.

Tout cela est exécuté avec entrain, comme un virtuose n'ayant pas la voix tout à fait juste chanterait un air de bravoure.

Il serait hors de saison de vouloir trop épiloguer une création faite pour échapper à la critique par sa légèreté même. Nous acceptons ce travail comme une œuvre où tout est caprice et jeu, où la raison a su spirituellement s'absenter et la grâce se rendre coquettement risible ; où la couleur est saisie au point de vue de la friandise, œuvre enfin facile par excellence, sachant dérober plaisamment à l'observateur toute idée pénible, même celle du travail qu'elle a coûté.

Mais nous entendons bourdonner autour de nous : « C'est de l'idéal. » Or, malgré le prestige des vingt-cinq mille francs que ces jolis minois ont coûté, dit-on, à leur acquéreur, malgré tout le talent de l'artiste, malgré même la correction du dessin jointe aux charmes des couleurs les plus fraîches et les plus riantes qui ont su se donner rendez-vous sur ces toiles, nous sommes obligé de dire : C'est une œuvre de fantaisie et point un idéal. Car l'idéal est la poésie de l'âme, et non celle des sens. Un artiste qui veut l'atteindre doit créer un homme de chair et d'os, faire couler du sang dans les veines, mettre une pensée élevée dans la tête et une vertu au cœur.

Ici, les brunes les plus tapageuses ont, comme les blondes, un tempérament lymphatique ; elles sont charmantes, mais scrofuleuses ; c'est du sirop ou de l'abondance qui circule dans leurs veines ; elles ont du vent dans la tête, et c'est le chat qui miaule dans leur cœur.

M. Caraud appartient à l'école de la fantaisie pittoresque, il dessine bien, son exécution est ample et raffinée tout à la fois, il dispose largement et avec goût ses épaisseurs et se sert habilement des glacis. Son tableau de *Louis XVI dans son atelier de serrurerie* est pleinement réussi. Le roi a déposé sur un fauteuil de tapisserie son épée, son habit de velours et son chapeau à trois cornes. Installé en manches de chemise devant son établi, il donne les derniers coups de lime à une clef serrée dans un étau. Au fond du tableau, un ouvrier fait rougir un morceau de fer, et d'une main met en mouvement le soufflet de la forge.

Rien de plus naturel que l'attitude du roi, si ce n'est l'expression du visage, où l'intention se lit aisément et se trouve dans un accord merveilleux avec le mouvement de la main. M. Caraud a su conserver au roi son caractère de bonté et de simplicité ; pour y arriver plus sûrement, il a modéré avec art sa facture.

Il y a plus de brio dans son autre tableau. Ici M. Caraud nous a dépeint le réveil d'une charmante petite dame couchée dans une chambre Louis XVI, où tout est brocard, porcelaine et or. Elle se dorlote toute languissante, un bouquin à la main, dans un énorme lit à quatre colonnes, et fait penser à ces petites guenons qu'on crève de délices. Deux soubrettes sont occupées de sa personne ; l'une d'elles a déjà fait glisser sur la tringle le rideau attaché au baldaquin, va bientôt apprêter la toilette de sa maîtresse, et, selon son humeur, marcher de caprice en caprice, comme un oiseau sautille de branche en branche. Une autre, semblable à un pastel de Chardin, arrive souriante avec un air de vaudeville, et apporte sur un plateau garni du plus délicieux bric-à-brac une tasse de chocolat. Un kings-Charles enfin se hisse sur un tabouret, tout prêt à sauter sur le lit. Ce tableau, très bon sous tous les rapports, est un peu alambiqué de facture et semblable à ceux que les délicats de l'école de Müller savent distiller parfois.

Quand on remonte, en France, à l'origine de toutes les réputations dans la peinture de genre, on les voit toutes greffées sur les écoles historiques ; ainsi : M. Meissonnier est élève de L. Cogniet ; M. Gérôme comme M. G.-R. Boulanger, de P. Delaroche ; M. Baron, de Gigoux ; M. Breton, de Drolingue ; M. Vetter, de Steuben ; M. Guillaumet, de Picot, etc., pour ne pas nommer cinquante autres. Voilà ce qui fait la force du genre et l'énigme de l'influence exercée par lui sur les écoles étrangères. Mais privez-le aujourd'hui du principe historique, c'est-à-dire de cette beauté absolue dont il porte plus ou moins le germe dans ses flancs, demain vous le verrez tomber dans le grotesque, et malgré tout le talent dont vous pourriez faire preuve, on vous dirait, à votre tour : « Emportez-moi ces magots. »

Un vaillant critique et une de nos célébrités en peinture de genre, M. Fromentin, semble vouloir, par un désir immodéré d'originalité, se dérober à son origine artistique, en s'assignant officiellement pour maître un de nos grands paysagistes, M. Cabat. Or, en analysant ses tableaux, il n'est pas difficile de retrouver dans son beau talent toute la substance d'E. Delacroix. Cela n'empêche nullement la grande originalité de M. E. Fromentin, car il n'accomplit là qu'une loi de la création artistique, subie également par E. Delacroix, dont le talent n'était point non plus un phénomène isolé dans l'art. Nous avons fait sentir, en parlant de la statuaire, combien tous les chefs-d'œuvre procédaient d'une origine illustre. En peinture c'est également vrai, et ici l'exemple surabonde ; mais pour couper court à de longues digressions, nous citerons seulement quelques mots du sixième discours de Reynold à l'académie royale d'Angleterre, où le célèbre président nous viendra en aide et nous affirmera cette vérité en principe avec son autorité de peintre et de philosophe : « Si nous devions, dit-il, nous passer de nos prédécesseurs, la peinture ne ferait jamais que commencer, puisqu'il est certain qu'aucun art n'a été porté à sa perfection dès son enfance..., et l'invention même, qui est un des traits du génie, est une assimilation des pensées d'autrui. »

M. Fromentin, en s'inspirant des éléments du talent d'E. Delacroix, est resté noble et pittoresque comme lui ; il a mitigé son coloris, et plus il avance dans sa carrière artistique, plus il se modère, raffermit son modelé et serre de plus près son dessin. Néanmoins ce dessin manque encore de précision ; quant à sa couleur, elle est des plus savantes, et toutes les ressources de la palette lui sont familières. Sa *Chasse au héron* en Algérie se présente dans ces conditions. Ce tableau nous montre au premier plan trois cavaliers arabes, dont les yeux suivent avec intérêt deux faucons. Ceux-ci viennent de fondre sur un héron, qu'ils étreignent dans les airs de leurs serres redoutables ; d'autres Arabes galoppent, au second plan du tableau, dans une plaine couverte de flaques d'eau miroitantes, où se reflète leur image et où se réfléchit un ciel d'une tournure magistrale.

Les voleurs de nuit dans le Sahara algérien, du même auteur, ont moins bien réussi ; hommes, chevaux, paysage, semblent des conceptions fantastiques faites pour illustrer un roman anglais ; puis, le maître s'est engagé inconsidérément dans un ton noir trop plombé, et a passé jusqu'au bout dans son propre laminoir.

M. Pasini nous représente également des *Chasseurs au faucon*; ce sont deux cavaliers syriens dans un chemin rocailleux, montés sur des chevaux à l'œil de feu, aux naseaux béants, à la bouche mâchant l'écume et aux crinières ondoyantes. Ils s'enlèvent sur leurs pieds de derrière et sont flanqués de lévriers qui volent à leur côté. Ce sujet est traité d'une manière décorative, avec des oppositions bien trouvées, beaucoup de verve, d'éclat, de couleur et de science; mais, comparée à celle de M. Fromentin, cette page est plus superficielle.

M. G.-R. Boulanger, premier grand prix de Rome, se confine dans la peinture de genre, qu'il traite avec une supériorité très remarquable. Cette année il semble encore avoir fait un pas de plus vers la perfection, car sa manière s'est élargie et la sécheresse assez commune chez le maître a disparu; tel est le progrès que nous apercevons dans le tableau du *Djeid* et du *Rahia*. Le premier est un dandy arabe, au profil distingué, richement accoutré de plusieurs burnous. Des cordes en poil de chameau sont enroulées autour de sa tête, il porte une rose sur l'oreille, monte un cheval d'une race fière, magnifiquement caparaçonné de jaune et de violet, et porte un fusil luisant de nacre et d'argent sur les épaules; le *Rahia* semble un meuble du désert : debout, il disparaît entièrement dans son burnous d'un blanc douteux comme dans une guérite, et garde ses moutons d'un air orgueilleux, avec une immobilité à prendre racine.

Rien de plus scrupuleux que le dessin de cette œuvre, si ce n'est son modelé élégant et délicat, qui nous fait penser à M. Gérôme. Les lumières sont vraies et vibrantes, et les ombres, généralement riches, empruntent ici au ciel d'un bleu turquoise des trésors de finesse; avec toutes ces qualités M. Boulanger nous découvre encore d'un seul coup d'œil le secret de deux caractères différents.

M. Guillaumet nous éblouit à son tour par un grand tableau étincelant de lumière; de loin on dirait une de ces belles batailles africaines peintes par H. Vernet. Mais ce n'est qu'un pacifique marché dans la plaine de Torcia, et l'exécution n'est nullement celle du célèbre peintre de batailles. Dans ce tableau, des Arabes de toutes les couleurs, à pied et à cheval, sont représentés pêle-mêle avec leurs marchandises et leurs bestiaux; ici des moutons, là-bas des chameaux et des ânes martyrs de leur charge. En voici plus loin qu'on vient de débâter; les pauvres bêtes ont les membres tout écorchés. Devenues libres, elles en profitent maintenant pour se refaire et se roulent dans la poussière avec un entrain, je dirai même avec une férocité digne de la fantasia. Dans ce tableau tout est plaqué au point de vue des partis pris comme de la valeur; les épaisseurs sont ingénieusement calculées pour aider le ton de la lumière du jour ; néanmoins, c'est une peinture toute superficielle, faite en casse-cou, amusante à voir seulement pour son adresse, je dirai même son escamotage, son entrain, le jeu de la couleur et le mouvement qu'elle renferme.

Nous passerons à regret sans pouvoir nous arrêter, devant l'*Enfance de Bacchus* et les *Nymphes* toutes virgiliennes de M. Ranvier ;

Devant les *Précieuses ridicules* de M. Vetter, dignes de la délicatesse d'un pinceau flamand et d'un esprit français ;

Devant le tableau vigoureux de M. Brion, représentant le *Jour des rois en Alsace*, où trois enfants, baroquement accoutrés en rois mages, viennent prendre leur part du gâteau dans une famille de paysans.

Cette année, les tableaux allemands n'ont rien de commun avec l'école de Tubingue, dont nous avons appris à connaître les abstractions à l'exposition de 1855 à Paris. Leur envoi consiste presque exclusivement en tableaux de genre, exécutés sous l'influence de ce que l'école française a de plus sensé. Ce sont des pages d'une naïveté sincère, d'un dessin serré, d'une exécution savante, solide et scrupuleuse, faites pour reposer l'œil de la palette fiévreuse de beaucoup de charlatans artistiques.

Un Suisse de l'école de Dusseldorf, M. Vautier, a remporté une médaille pour un tableau d'intérieur intitulé *Courtiers et paysans dans le Würtemberg*. Un juif à figure de filou, assis à une table, vient ranger en piles une somme ronde, et fait comprendre d'une manière saisissante à un paysan le grand avantage de vendre son champ. Le malheureux fléchit, tout en hésitant encore ; un vieux bonhomme assis au bout de la table ne sait qu'en penser ; la femme seule, tenant derrière son mari un enfant endormi dans ses bras, voit clair dans l'avenir ; l'angoisse la plus affreuse se peint sur son visage, et le spectateur, pénétré du sujet, quitte cet intérieur le cœur serré. C'est un excellent tableau, qui devient pathétique à force de vérité ; il est bien dessiné, d'une bonne couleur et d'une facture saine.

M. Lasch nous montre l'*Embarras d'un médecin de village en Westphalie*. Cet Esculape rustique a une tête à part, faite exprès pour des chapeaux à trois cornes. Accoutré d'un long habit blanc et d'un gilet rouge avec des boutons à grelots, il est assis auprès du lit d'un petit diable rouge de larmes et de fièvre, qui s'inquiète sur son propre sort et tient cependant à la main une pomme de consolation. Le petit malade regarde le médecin, qui jette les yeux de côté et pince les lèvres comme s'il trouvait à la fièvre une marche bien galopante. La mère de l'enfant, inquiète à son tour de l'expression du médecin, désire sans plus d'explication savoir au juste l'état de son enfant, et demande si le patient peut manger d'un plat de knœdel qu'apporte une petite fille. Viennent ensuite une ribambelle de voisines passablement curieuses et de tout âge, depuis la commère bien caractérisée jusqu'à la jeune fille dont le rôle dans les comédies est de se marier à la fin de la pièce. Tout cela est charmant d'expression, vivant et naturel ; l'exécution est aussi excellente, cependant un peu lourde, et à notre avis inférieure au tableau de *Kermesse*, du même auteur, si généralement apprécié l'an dernier.

Un des tableaux allemands les plus remarquables de l'exposition est celui du *Péché véniel* dans l'église de Saint-Pierre de Rome, sujet bien connu et traité par beaucoup d'artistes. Rien de plus pénétré de foi que les pénitents agenouillés sous la gaule du pénitencier ; de plus, ce tableau est d'un goût épuré et peut en toute assurance rivaliser avec nos meilleures peintures de genre.

Nous n'en finirions pas avec les Achenbach, artiste d'un grand renom en Allemagne, les Anker, les Hoff, et les Jundt, de l'Alsace, etc., tous peintres de genre qui ont beaucoup de talent.

M. Schenck se distingue de tous les peintres d'animaux par son beau tableau intitulé *Le Réveil*. Les rayons de l'aube naissante viennent de poindre, et font sortir de l'obscurité un troupeau de moutons de grandeur naturelle, répandu parmi les bruyères d'une falaise. Les plus alertes de ces animaux sont déjà debout et saluent de leurs bêlements l'arrivée du jour. Quelques agneaux pressent leurs mères, plongées encore dans le sommeil, et réclament le repas matinal ; d'autres lèvent la tête, cherchent à s'orienter avant d'entrer en pâture, tandis que les plus paresseux se détirent les membres et bâillent en luttant contre le sommeil. A l'arrière-plan dort un vieux berger engourdi par la fraîcheur matinale auprès d'un reste de feu ; enfin, derrière lui, sur le sommet du coteau, un chien vigilant dresse les oreilles, regarde d'un air officiel et étincèle d'un zèle dévorant.

Le paysage est solennel et poétique ; tout est rendu avec un soin extrême, sans offenser ni l'harmonie, ni l'effet, ni la largeur magistrale qui constitue un talent supérieur. Le seul défaut du maître est de ne jamais s'aider de la transparence ; il prive ainsi la couleur d'une qualité vibrante par excellence, dont l'émail seul peut donner l'équivalent. Il en résulte que le ton chez lui, tout en étant d'une justesse parfaite, manque de vie, malgré la prise ménagée à la lumière par les épaisseurs. L'absence de cette ressource est la cause de son infériorité relativement à Rosa et Auguste Bonheur.

M. Van Marcke est un digne héritier de Troyon, rappelant la manière du maître. Sa *Cour normande* est une œuvre de tempérament, exécutée avec un pinceau martelé; la couleur est chatoyante, pleine de ressources et de raffinement. Chaque ton est assisté d'un autre pour le faire valoir, et produit sur l'œil la sensation exercée sur l'ouïe par la dissonance qui précède l'accord final.

Une vache blanche, au premier plan, attire surtout l'attention par la puissance de l'exécution; la facture n'est pas cependant sans excès et fait craindre pour le dessin, mais à une certaine distance il reprend son empire; de plus, les valeurs se rangent bien, le modelé s'établit scientifiquement, et le cliquetis des tons profite à la sensation. Il en est de même des autres animaux du tableau. Le paysage rappelle également l'élève de Troyon; néanmoins, il est positivement trop conventionnel et fait souffrir le sentiment de la nature.

Le *Chacun pour soi*, de Ph. Rousseau, est une scène canine d'une conception spirituelle et comique, nullement inférieure aux pages si pleines de verve et si connues de l'auteur. Une chienne blanche se précipite avec une voracité féroce sur un panier, et se met en devoir d'avaler le contenu avant qu'on puisse le lui disputer, tandis que sa progéniture, dont elle s'embarrasse peu, se dispute le lait maternel. La représentation de cette crise est pleine de vérité et de mouvement, la nature morte superbe, le tout d'une exécution nerveuse et pétulante.

M. Couturier a fait une *Basse-Cour* où coqs, poulets, canards, quatre fois plus grands que nature, sont jetés dans un hourvari effroyable par la soudaine apparition d'un épervier. Une poule héroïque se distingue seule dans ce sauve-qui-peut général; immobile, elle brave tout danger pour abriter de son ampleur les poussins réfugiés sous ses ailes. On dirait voir la poule d'Esope, car un des poussins est encore loin d'elle et, selon toute apparence, va payer de sa vie la désobéissance aux injonctions maternelles. C'est un tableau fait en décor, avec beaucoup de talent, éblouissant de lumière et plutôt sabré que peint.

M. Lambert s'est distingué par un charmant tableau représentant un terrier de renard, puis M. Mellin par deux couples de chiens qui valent les Jadin, enfin M. de Beaujeu, un de nos compatriotes, nous montre de délicieux pigeons pleins de vie et étudiés avec esprit et talent.

M. Jacques, peintre d'animaux d'un grand et juste renom, s'est négligé cette année; ses *Moutons sous bois* sont encore corrects et adroitement traités, mais faits de pratique et dénués d'étude sérieuse. Quant à son paysage, c'est un à peu près; en tout il a joué avec sa peinture. Or, en art la sueur seule fait germer le talent, et ce que nous arrachons de nous et de la nature par affliction, est ce qui fait le plaisir du public.

Nous sommes condamné à ne pas parler des tableaux du sport; il est cette année représenté d'une manière déplorable, et semble avoir semé sur le turf de la dissipation la somme nécessaire pour commander un bon tableau.

En revanche, nous voyons des tableaux de nature morte de premier ordre, et ceux de M. B. Desgoffe sont au niveau de tout ce que l'école hollandaise ou flamande ont su faire de mieux en ce genre. Statues de marbre, vases d'agathe, étoffes persanes et indiennes, verres gravés et fruits, sont représentés avec une vérité presque palpable, faite pour décourager tous les émules. Dans cette peinture, tout est creusé et ciselé; pour arriver à plus d'illusion, des moyens même mécaniques semblent être employés; de ce nombre est l'impression sur la toile de la trame de l'étoffe dans les endroits où la lumière la rend dans la nature plus palpable. Mais ces recherches anti-artistiques, faites pour discréditer un talent, sont employées avec tant de savoir et d'adresse, le dessin est si parfait, la couleur si vraie et si puissante, les valeurs si justes, l'ensemble si harmonieux, qu'il est impossible de refuser aux deux tableaux du maître le nom de chefs-d'œuvre.

M. Robie est également un peintre de nature morte du premier mérite; il a envoyé cette année deux spirituels tableaux, dont l'un, sous le nom de *Massacre des innocents,* représente une troupe de moineaux faisant une boucherie épouvantable de papillons épinglés et de hannetons sortis d'une boîte, qu'un enfant a eu l'imprudence d'abandonner pour un instant.

L'autre tableau figure une *Terre promise* où une autre nichée de moineaux se gorge de mouches, de blés, de raisins ménagés pour eux par les soins des parents. Ces tableaux sont poussés également à la dernière limite de la réalité; ils sont exécutés avec ampleur, satisfont à toutes les conditions de l'art et pourront braver la critique de tous les temps.

Nous ne parlerons pas de M. Monginot, l'élève si distingué de M. Couture, car il est toujours le même, fastueux dans la composition, et exécutant des plus brillants.

PAYSAGE.

Pour donner une idée complète du paysage moderne, nous dirons un mot de son origine. De tout temps le spectacle de la beauté du monde et la sublime géométrie qui y préside ont déployé les ailes de l'âme pour l'élever à la source de toute chose, et païens comme chrétiens ont entrevu dans la création une intelligence supérieure. C'est un sentiment dominant dans l'homme ; aussi quand l'artiste a voulu imiter la nature, cette intelligence cachée a prévalu dans son esprit sur les phénomènes mêmes de la création. Edifier avec les éléments de la nature un temple digne d'être habité par la pensée manifeste de Dieu, voilà la source du paysage de style, ou historique. Ce paysage commence par une nature arrangée, abstraite, une convention parfois pleine d'élégance et de grandeur, qui fait penser à l'architecture. Tel est plus ou moins le caractère des trois écoles où le paysage commence pour ainsi dire à la fois : celle de Jean Breughel en Brabant, celle de Van Goyen en Hollande, et celle d'Annibal Carrache en Italie.

Le génie de Poussin a entrevu le premier qu'il n'est permis humainement à l'esprit de se manifester qu'à travers le corps. Il retrempe donc le paysage dans les sources vives de la nature, et fait jaillir de ses œuvres des rayons spirituels inconnus à l'art paysagiste avant lui. Mais il ne perd jamais l'image de la divinité, et s'il peuple parfois ses œuvres, suivant la mode de son temps, de figures héroïques, son paysage est celui de la Genèse et tient de l'immensité de Dieu.

Quand il nous est arrivé de sonder les secrets de son intelligence et de chercher à unir les battements de notre cœur aux siens, voilà ce que nous avons cru découvrir. Nous le voyons s'arrêter devant les grands spectacles de la nature, recueillir de fortes émotions, attendant un bon souffle pour déployer les ailes de sa création. Dès lors son intelligence commence à ordonner. Tout d'abord il prend en considération le nombre et semble pondérer toutes ses masses, les établir sur sa toile, tout en déguisant la symétrie. Puis il s'attache à la ligne : quand elle dévie d'un côté, l'artiste la contrecarre par une autre penchée en sens opposé, équilibrant ainsi toutes les lignes les plus capricieusement variées par la nature, et les ramenant à la ligne droite et horizontale dans leur ensemble total. De même il compense toutes les lignes déviées de la perpendiculaire par une autre déviation en sens inverse. C'est ainsi qu'on peut l'apercevoir dans le lointain, scrutant avec toutes les hautes intelligences la vertu mystérieuse de la ligne ; on dirait qu'il veut enfermer en elle l'infini qu'elle exprime en géométrie, et donner à l'idée de la ligne droite en art, le sens moral qu'elle exprime dans toutes les langues. Mais, quoi qu'il en soit, c'est par la ligne que Poussin ramène tout à l'unité, crée la magnificence de l'horizon ; par elle les plans simples et sévères se succèdent l'un à l'autre dans l'immensité ; par elle encore il donne de grands aspects à ses ciels, qui accompagnent si merveilleusement toutes les profondeurs de ses horizons. On le voit en esprit, choisir, épurer, agrandir la nature, en faire un temple, se complaire en ce temple, chercher le symbole et le signe, enfin entendre, comprendre et goûter la majesté divine. C'est ainsi qu'à la lueur de sublimes éclairs, le génie de Poussin développe le paysage de style, et quand Claude Lorrain lève le *fiat* de la couleur sur la ligne, le paysage de Dieu est créé.

Le paysage moderne est celui de l'homme. Le peintre a cessé de voir dans la nature la main du grand artiste, pour se mettre lui-même à sa place. Chez lui l'art sera l'effet raisonné d'une sensation, et il aura atteint son but quand il se sera ému jusqu'à la fureur avec l'orage, sans comprendre cependant la menace du ciel ; quand il se sera réjoui avec la gaîté de la fertile campagne, sans sentir la bénédiction du Très-Haut ; quand il aura laissé son âme doucement s'égarer dans le labyrinthe d'une ombreuse forêt, sans penser à ses sublimités silencieuses ; lorsqu'enfin sa vue aura sondé avec science et mélancolie l'horizon, sans avoir entrevu l'infini.

Il y a toute une école qui ne va pas aussi loin. Elle sort aux champs, un livre à la main et une rêverie au cœur : à peine se rend-elle compte d'une combinaison pittoresque, et, semblable à un enfant, elle sourit et pleure avant de comprendre et de penser. Cette naïveté passera même dans le mécanisme de sa peinture, et on lui saura gré de sa maladresse, j'aurais presque dit de sa bêtise.

Se laisser absorber par la nature et mettre dans ses œuvres un débris de son cœur, voilà donc le principe du paysage moderne.

Mais, hâtons-nous de le dire et de rendre justice à qui de droit, le paysage a fait vibrer de notre temps des cordes charmantes, inconnues du passé ; une partie des paysagistes a scruté profondément les lois de la matière, a perfectionné la science technique, et parfois l'idée morale a jailli de l'objet physique, ce qui nous a appris à respecter l'autorité de la nature.

La seule chose qui a manqué à nos paysagistes, c'est l'élévation, c'est-à-dire cette poésie dont la beauté consiste, en peinture comme en littérature, à faire apparaître à nos yeux l'infini dans le fini, et l'artiste, au lieu de tenir le regard haut sur le livre divin, l'a abaissé, a adoré ce qu'il foule aux pieds, en un mot, il s'est fait panthéiste.

Mais ne nous plaignons pas outre mesure, car en art comme en philosophie et en littérature, le panthéisme semble remplir un but providentiel dans notre temps, celui de s'engraisser pour le compte du spiritualisme. Et demain, quand le paysagiste voudra saisir le signe d'une beauté supérieure et cherchera Dieu même dans sa création, il aura l'avantage de trouver l'interprétation de la nature sensiblement perfectionnée.

Nous ne nous étendrons pas sur le paysage réaliste, qui ne voit ni le sentiment de Dieu, ni celui de l'homme dans la nature, qui n'a même pas la conscience de la décrire en naturaliste, et croit avoir amélioré le paysage par une imitation succincte, un résultat de pinceau, une combinaison, et quelques bonnes valeurs bien trouvées dans la nature. Ceux-là, suivant la logique, ne peuvent s'arroger aucune autorité; il serait en effet étrange qu'un aveugle se prononçât sur une chose qu'il ne voit et ne sent pas, et que celui qui voit et sent travaillât sur la foi du premier.

M. Lanoue a cherché sur les rives du Gardon les sentiers du Poussin, et a choisi deux tableaux d'une tournure historique, dont il a écarté avec soin toute idée d'utilité champêtre, afin de laisser plus de place à l'idée pure.

Le paysage du *Château de Saint-Privas* est surtout très remarquable; ici la ligne est traitée avec une sévérité de goût et une science peu comprises de notre époque; la rivière s'empare forcément de nos yeux, et par de doux balancements conduit nos regards vers des montagnes pleines de style, déjà assombries dans la pourpre d'un crépuscule où se laisse deviner le château de Saint-Privas. A gauche du tableau, au second plan, une langue de terre avance dans la rivière et profile de poétiques arbres sur le ciel; on dirait un lieu aimé des nymphes; à droite, enfin, la terre montre ses ossements décharnés, traités par le peintre avec passion et force.

Le pont du Gard, paysage si recherché par tous les peintres, a été également traité par M. Lanoue avec vérité, dans le goût châtié du paysage historique.

M. Lambinet est particulièrement fort et intéressant cette année. Le maître nous conduit dans un pré qu'il envisage, non comme la chèvre antique, si connue pour aimer le cytise, mais comme un mouton de nos jours, dont le cœur bat à la vue du serpolet d'un paysage intime. Ce pré est diamanté par la rosée, possède son ruisseau argenté et ses saules sans cesse dévastés par la main d'un profane possesseur, et si industrieux à se refaire de leurs pertes. Ils se montrent ici réparés avec art et penchent sur le ruisseau leurs ondoyantes et pâles chevelures; leurs feuilles délicates frémissent aux rayons du soleil, et le ciel joue à travers leurs feuillages. Les bois des coteaux se dorent déjà au frisson des premières gelées de l'arrière-saison ; enfin, un fond champêtre parsemé de bosquets, sur lesquels se lève une brume douce et matinale avec toute sa fraîcheur et sa quiétude, complète ce tableau clair, palpitant de vie, tendre et ruisselant de lumière.

M. Daubigny expose un *Clair de Lune* qui a fait sensation par son aspect morne. C'est un coin de terre triste et familier, avec un horizon borné ; quelques baraques misérables se profilent sur un ciel bas, pommelé de larges nuages, auxquels la pleine lune distribue son blanc de zinc. Dans l'interstice de ces nuages, l'azur se fonce d'une couleur sinistre, et la profondeur se limite. Tout est calme et allangui, les fumées montent droites, mais la pensée est triste et ne peut s'élancer ; on dirait voir l'âme de l'artiste captive, agitée d'amères et malsaines voluptés, sans cesse rabattue sur la terre. En un mot, ce magnifique *Clair de Lune* est celui des suicidés qui ne sont pas aptes à jouir d'une puissante nature. Comme art, c'est d'une très savante observation, mais d'une exécution où la largeur dépasse la mesure.

Nous ne parlerons pas de la *Vue prise au parc de Saint-Cloud*, par le même maître ; c'est encore une page savante, mais elle n'a pas les conditions d'un tableau ; c'est un portrait d'une nature dénaturée, fait sans charme, un mince résultat artistique pour le talent éminent de M. Daubigny.

M. Nazon nous présente deux paysages éthérés et d'une qualité de lumière tout à fait remarquable ; de plus, l'artiste vise dans ses œuvres à la simplicité de la ligne, à la grandeur de l'aspect, et à ces qualités il joint la recherche de l'idéal. Mais ici un écueil semble l'attendre ; quand on étudie son paysage intitulé *la Montagne des grottes à Brunique*, on voit qu'un pas de plus lui ferait dépasser l'idéal vrai et poétique pour tomber dans l'idéalisme vague, dont le caractère est d'ignorer son essor et sa limite, et de ne pouvoir saisir ni forme ni vérité. Les arbres du maître rappellent déjà trop la poussière de M. Corot pour ne pas faire concevoir des craintes au sujet de ce magnifique talent.

M. Français nous fait assister par un tableau très distingué aux *Nouvelles fouilles de Pompéi*. Les pans de murailles animés des plus gracieuses figures antiques sortent de terre ; les travailleurs creusent des gouffres, pendant que de jeunes filles, semblables aux canéphores et dignes de rivaliser avec les fresques déterrées, emportent sur leurs têtes des corbeilles chargées de terre ; un ciel enfin brûlé à blanc estompe l'horizon, atténue l'azur du ciel et argente des figuiers enracinés dans les élégantes ruines. Ce paysage est d'une harmonie charmante, puis peint avec cet esprit de touche dont l'artiste possède le secret par excellence.

M. Anastasi a fait aussi un très remarquable tableau du *Forum au soleil couchant*, et nous a su donner au premier plan l'idée de cette ombre que les anciens appelaient hospitalière. En effet, rien n'est plus calme et ne convie mieux au repos, et tandis que le Capitole, l'arc de Septime Sévère et tout le Campo Vaccino rayonnent d'une ardeur lumineuse digne d'un Claude Lorrain, l'âme goûte aux pieds du Colysée le plus délicieux repos. M. Anastasi a abandonné dans cette page sa facture prétendue naïve, pour prendre une exécution plus sûre, plus large, en un mot plus digne d'un maître.

Un des paysages les plus remarquables de l'exposition est sans contredit celui de M. Blin, représentant un *Soir d'été en Sologne*. La composition n'offre cependant rien de saillant ; elle consiste dans un contour de rivière bordé à droite par un rideau d'arbres, derrière lequel s'éteignent les derniers tisons du soleil ; puis, à gauche, dans une ligne de coteaux boisés, suivant avec grâce le mouvement arrondi de la rivière. Mais le ciel est un chef-d'œuvre, comme nous n'en voyons pas un tous les dix ans. Le soleil, représenté au moment où, accessible à la faiblesse de notre vue, il se dépouille de ses ardeurs, frange d'une douce flamme les bords de quelques nuages, dont l'or se mêle à l'atmosphère. Ils se diaprent diversement, selon qu'ils plongent plus ou moins profondément dans l'épaisseur de l'air, s'approchent de nous, se distancent, ou fuient vers l'infini. Chacun d'eux a son épaisseur très appréciable, et selon leur densité ils prennent des formes propres à leur nature ; enfin, tout est vibrant mais contenu, et chaque nuage semble couver un rayon de la gloire du soleil. Sur terre, l'ombre croît et triomphe, et le bocage des coteaux lointains s'enveloppe dans son voile mystérieux. L'œil le pénètre déjà avec peine ; mais tout ce qui est scellé n'est pas anéanti, et là où l'œil vous égare, le sentiment vous guide encore. Cette page rappelle la peinture de M. Daubigny, mais sa couleur est plus rayonnante, et sa technique au moins aussi sympathique.

M. Bavoux a bâti avec *les Bassins du Doubs* un paysage de rochers qui a fait sensation. *Te saxa loquuntur*, disait un passant enthousiaste à son ami ; en effet, c'est une page magistrale, bien capable de faire impression et d'élever l'âme. Jamais M. Bavoux ne nous a montré des qualités plus sérieuses, une plus belle lumière et un clair-obscur aussi savant. Une seule chose nous offusque dans ce tableau, ce sont les proportions trop modiques du premier plan, ce qui nuit à la pondération des masses comme à la beauté géométrique. Ce tableau est exécuté avec un tempérament que nous ne croyons pas possible de surpasser, à moins de faire du paysage un bas-relief.

M. Fanart a fait preuve de talent dans son tableau intitulé *les Bords du Doubs à Baume*. De beaux rochers d'une couleur harmonieuse s'élèvent comme des ruines au bord de l'eau, où quatre vieilles tours semblent se profiler l'une sur l'autre et se mirer dans une glace. La rivière est profonde, aussi tranquille que les rochers sont sobres de ton, et suit sa course vagabonde avec un mouvement heureux. Les lignes des montagnes de l'arrière-plan se compensent bien, se profilent avec grâce l'une derrière l'autre, et nous présentent des coups de soleil vibrants. Il est à regretter que les masses de l'arbre situé à droite des rochers ne soient pas à la hauteur de l'aspect général; leur facture blesse le goût, elles sont échevelées et lourdes à la fois.

M. Marquiset a fait une charmante composition qui représente un *Souvenir du haut Jura*. On est sur un plateau de montagne inondé de lumière, mais les ombres s'allongent déjà et plongent dans le crépuscule une vallée profonde d'où s'élève un épais brouillard; les nuages, vigoureusement accentués, se dressent en forme de tour, et se colorent diversement avec de grands partis pris. Le fond du ciel est surtout très fin de ton. Cette composition est pleine de goût et de sentiment pittoresque. Il en est de même de la *Vue suisse* par le même auteur. Ces pages n'offrent qu'une seule prise à la critique, c'est d'avoir été faites de souvenir.

M. Japy, dont l'année dernière le talent a fait une entrée si brillante dans le monde artistique, est moins heureux cette année; il a abandonné les errements de Français pour poursuivre les chimères de M. Corot, et sa *Vallée* a perdu toute sa belle qualité de lumière. Le goût de l'arrangement a seul survécu, c'est un don qui semble lui appartenir en propre.

Nous ne ferons que mentionner M. Achard, un des paysagistes les plus distingués, auquel il ne faudrait qu'un peu plus d'entreprise pour être à la tête de l'école française. Il n'expose cette année que des paysages secondaires, mais remplis d'un accent exquis de la nature. Son *Etang* et la plantureuse nature qui l'environne, nagent dans une atmosphère fine et transparente; tout est vrai, harmonieux, plein de grâce et plus fort que bien des paysages médaillés. Pourquoi la réputation de M. Achard est-elle au-dessous de sa valeur intrinsèque? Hélas! la fortune seule le sait.

M. Cabat, dans son tableau de *la Solitude*, vise toujours aux grandeurs du paysage historique, tel que les Hollandais l'ont compris.

M. Harpignies a exposé deux paysages fortement charpentés ; sa petite marine de *Sorrente* a eu surtout du succès.

Nous n'avons rendu compte, dans cette étude si imparfaite sous tous les rapports, que d'un nombre d'œuvres fort restreint relativement à la quantité exposée. Nous avons surtout choisi celles qui nous offrent un intérêt local, et les pages dont l'excellence ou la signification pouvait contribuer à donner une idée de l'état matériel et moral de l'art contemporain. En jetant un dernier regard sur l'ensemble de cette exposition, elle nous suggère quelques réflexions mêlées de craintes et d'espérances, comme font les choses dont l'avenir nous intéresse ; nous ferons part de ces réflexions, et elles nous serviront de conclusion.

Nous voyons la sensibilité artistique ébranlée, non-seulement en France, mais encore de tout côté. Les œuvres exposées par les étrangers prouvent qu'ils apprennent de nous et gagnent du terrain. Il s'agit donc de rester fermes à la brèche et de prendre tous les moyens pour maintenir notre suprématie.

Il serait dangereux de nous faire illusion au sujet de la grande quantité d'œuvres parues à l'exposition ; ce nombre ne prouve point nécessairement un progrès. L'histoire nous démontre que l'art n'a jamais péri par la diminution des artistes, mais par l'abondance stérile. C'est d'elle que se plaint Vitruve quand il trouve, à son époque, le nombre des artistes médiocres trop grand, puis le système de l'instruction trop relâché ; il pronostique la décadence, qui, en effet, ne tarda point à venir.

Nous ne voulons point faire le même pronostic, mais pour ne pas aboutir au même résultat, ouvrons les yeux. Tout d'abord, l'immense majorité ne veut plus apprendre ; l'orgueil du moi aveugle l'artiste, qui adore tous ses penchants ; aussi l'art ne se développe pas dans son ensemble. Nous sommes loin du temps où l'école s'appelait *musique* ; on s'adonne trop exclusivement tantôt à une qualité, tantôt à une autre, et les œuvres rappellent la réflexion de ces miroirs à la surface tourmentée, rendant à faux la dimension relative des objets, et faisant ainsi des monstres de ce qu'ils reflètent. Puis les œuvres portent l'empreinte trop exclusive des sens, et rarement du sentiment ou de la pensée ; enfin le dessin, l'âme des arts, s'escamote ou prend le mors aux dents, tandis que la couleur tapageuse embouche la trompette de la réclame.

Il ne suffit donc pas d'éveiller l'émotion créatrice ; la science de la conduire, de l'ordonner par les règles et l'esprit des arts, sera toujours en France la tâche la plus difficile. Pour régler cette riche expansion artistique dont nous voyons l'exubérance déréglée, il faut tout d'abord, non point un homme, mais une institution solide, puis une doctrine. Or, prenez-vous le chemin d'affermir cette institution, qui nous vaut toutes nos gloires dans l'art, et dont le génie a déplacé la suprématie artistique d'Italie en France? Hélas ! non. De cette institution vous avez fait un simulacre ; elle peut encore diriger une école devenue secte, mais elle a perdu tout pouvoir sur l'opinion artistique, cette religion dominante et nationale. En confiant au suffrage d'un jury électif le droit de décerner les récompenses, qu'avez-vous fait autre chose qu'accommoder l'art à l'atmosphère du jour, à toutes les délicatesses de sa complexion, en un mot à la mode? Comment le soustraire à toutes les intempérances ou à sa propre défaillance, puis à la coterie et à l'intrigue ? Hâtons-nous de raffermir l'Institut.

Mais vient ensuite la doctrine, dont la grandeur inspire seule les grandes œuvres. Dans la doctrine, nous sommes forcés de reconnaître une partie matérielle, et une autre morale.

De nos jours, nous voyons contester même la partie matérielle de l'art. Mais, malgré toutes les négations, il y a dans l'art des vérités immuables et éternelles. Les chefs-d'œuvre ratifiés par les siècles, ces illustres héritages du passé, sont là pour nous le prouver. Les siècles nous démontrent encore que si une création d'un temps nouveau ne découle pas de ces chefs-d'œuvre, cette création peut être regardée comme condamnée d'avance. Il s'agit donc de recueillir ces vérités, de les déposer dans l'arche sainte des arts et de les garder, comme des principes religieux, de cette révolte constante de la minute contre l'éternité. Avec la science de ces vérités, nous exprimerons ensuite toutes les vérités nouvelles dignes de la rénovation du génie de l'homme, comme les Pères de l'Eglise exprimèrent des vérités d'un ordre supérieur avec la langue de Démosthènes et de Cicéron.

La doctrine des arts envisagée sous le point de vue moral doit être ce qu'il y a de plus haut et de plus saint dans la philosophie humaine. Elle est sublime, cette force créatrice mise entre nos mains par le grand Artiste pour qu'à notre tour nous commandions au néant ! Va, féconde ma création, semble avoir dit à l'homme le Tout-Puissant, je te livre l'âme et la nature. Une vaine poussière que tu répandras sur une surface vide, ou l'argile sous tes doigts, fera aimer, craindre et espérer; tu allumeras l'enthousiasme qui décuplera toutes les forces des facultés physiques et morales. Mais la puissance que je te prête aura une règle :

la tendance de son âme vers une force et une puissance divines, l'homme, vers lequel monte ton cœur si tu ne peux pas l'égaler en années mortelles, tu retrouveras en moi le type qui ne doit jamais passer. Souviens-toi que l'âme d'un d'artiste sera comme son regard ; pour voir, elle aura besoin de la lumière des cieux.

Voilà en peu de mots la partie morale de la doctrine des arts, et quand nous réfléchissons à l'influence de nos œuvres, qui de nous oserait la placer par principe sur un autre terrain, pour peu qu'il sache orienter sa conscience? Mais ce n'est pas tout, car c'est encore sur ce terrain que se développe la partie matérielle de l'art, et la gloire de Phidias comme celle de Raphaël consiste dans la science et la religion. La beauté morale sera donc toujours la séve de la beauté physique, et l'idéal, ce que l'artiste instruit aura trouvé dans la nature avec ce qu'il a de meilleur dans l'âme.

Mais les hauteurs de l'art, ces nobles délectations qui élevaient jadis un monde plus robuste des objets extérieurs à la réalité infinie, ne sont plus en rapport avec les intelligences du jour. En général, les pensées élevées nous accablent et nous donnent du vertige. L'âme se traîne terre à terre ; aussi l'artiste risquerait de mourir de faim sur les sommités de l'Horeb ou du Sinaï. Ici, sans doute, la lutte est le parti le plus honorable, et le génie finit toujours par s'imposer à l'opinion, qu'il mène et domine. Flandrin, repoussé du prix de Rome, finit par l'emporter contre les mauvaises tendances du jour. « Ce prix, je ne l'aurai pas, dit-il, c'est ici la lutte du bien contre le mal ; » mais, quelques lignes plus bas, il ajoutait d'une main tremblante : « Eh bien ! je l'ai ! »

Néanmoins, sans transiger avec le mal, ce qui serait trahir l'art d'une manière infâme, s'il était nécessaire d'accommoder l'œuvre à l'avarice de nos efforts comme à la faiblesse de nos perceptions, et si j'avais une convention à faire avec les artistes, afin de donner à l'expansion créatrice la plus grande latitude qu'elle puisse supporter, j'imiterais ce traité libéral que saint Thomas d'Aquin et Suarez ont fait avec l'Etat sur le terrain politique : « Il n'est pas nécessaire que la loi civile accompagne la loi de Dieu dans toutes les prescriptions et prohibitions ; il suffit qu'elle ne lui répugne jamais. »

BESANÇON, IMPRIMERIE DE J. JACQUIN.

www.ingramcontent.com/pod-product-compliance
Lightning Source LLC
Chambersburg PA
CBHW070204230526
45471CB00002B/815